KB214631

상처 입은 신앙

Tomáš Halík
DOTKNI SE RAN. SPIRITUALITA NELHOSTEJNOSTI

© 2008 Tomáš Halík
All rights reserved.

Translated by Min-hwan Oh
Korean translation copyright © 2018 by Benedict Press, Waegwan, Korea.
Korean translation rights arranged with Tomáš Halík through Kristin Olson Literary Agency
s.r.o., Praha, Czech Republic

상처 입은 신앙

2018년 6월 1일 교회 인가
2018년 7월 5일 초판 1쇄
2023년 5월 11일 초판 3쇄

지은이	토마시 할리크
옮긴이	오민환
펴낸이	박현동
펴낸곳	성 베네딕도회 왜관수도원 ⓒ 분도출판사
찍은곳	분도인쇄소

등록	1962년 5월 7일 라15호
주소	04606 서울시 중구 장충단로 188 분도빌딩(분도출판사 편집부)
	39889 경북 칠곡군 왜관읍 관문로 61(분도인쇄소)
전화	02-2266-3605(분도출판사) · 054-970-2400(분도인쇄소)
팩스	02-2271-3605(분도출판사) · 054-971-0179(분도인쇄소)
홈페이지	www.bundobook.co.kr

ISBN 978-89-419-1811-0   03230

이 책의 한국어판 저작권은 Kristin Olson Literary Agency s.r.o.를 통해 Tomáš Halík와 독점 계약한
분도출판사에 있습니다.
저작권법에 의해 한국 내에서 보호를 받는 저작물이므로 무단 전재와 무단 복제를 금합니다.

상처 입은 신앙

Tomáš Halík
토마시 할리크

오민환 옮김

"내 상처를
보고
만져라."

분도출판사

2008년 7월과 8월 독일 라인란트에 있는 수도원에서 쓰기 시작해 같은 해 9월 예루살렘과 아우슈비츠 여행 중에 이 책을 마무리했다.

수갑을 차고 그리스도를 위해 상처를 견뎌 낸 바츨라프 드보르자크 Václav Dvořák (†2008. 7. 30.)에게 이 책을 바친다. 30년 전 나의 사제서품 증인이자 첫 미사를 같이 집전한 사제인 그는 이 책을 쓰기 시작한 그날 밤에 선종했다.

"신앙을 위해서는, 토마스 사도의 불신이 믿는 제자들의 신앙보다 우리에게 더욱 유익합니다."
— 대 그레고리우스

"그의 상처로 우리는 나았다."
— 이사 53,5

"감방 벽을 사이에 두고 노크 소리로 서로 소통하는 두 죄수가 있다. 벽은 그 둘을 갈라놓지만 서로 소통하는 걸 허락한다. 우리와 하느님도 마찬가지다. 모든 분리는 연결이다."
— 시몬 베유

차례

1

상처 입은 자들의 문

열두 제자 중의 하나로서 디디모스쌍둥이라 하는 토마스는 예수께서 오셨을 때에 그들과 함께 있지 않았다. 그래서 다른 제자들이 그에게 "우리는 주님을 뵈었소" 하고 말하자 그는 "내가 그분의 손에 있는 못 자국을 눈으로 보고, 내 손가락을 그 못 자국에 넣어 보고, 또한 내 손을 그분의 옆구리에 넣어 보지 않고는 결코 믿지 못하겠소" 하고 말하였다. 여드레 후에 제자들이 다시 집 안에 모여 있었는데 토마스도 함께 있었다. 문들이 잠겨 있었는데도 예수께서 오시어 한가운데에 서시며 "여러분에게 평화!" 하고 말씀하셨다. 그러시고는 토마스에게 "당신 손가락을 이리 내밀어 내 손을 살펴보시오. 그리고 당신 손을 내밀어 내 옆구리에 넣어 보시오. 그리하여 믿지 않는 사람이 되지 말고 믿는 사람이 되시오" 하고 말씀하셨다. 토마스는 대답하여 "나의 주님, 나의 하느님" 하고 여쭈었다. 예수께서는 그에게 "당신은 나를 보고서야 믿었습니다. 보지 않고도 믿는 이들은 복됩니다!" 하고 말씀하셨다.

(요한 20,24-29)

나는 복음을 다 읽고 독서대에서 내 자리로 돌아와 앉았다. 이른 아침, 첸나이(옛 이름은 마드라스)의 대성당은 어스름하면서 고요했고 거의 아무도 없었다. 인도는 신성한 장소로 짠 화려한 꽃 양탄자처럼 내 앞에 펼쳐져 있었다. 부처가 깨달았다는 부다가야, 부처가 제자들에게 처음으로 설법을 베풀었다는 사르나트, 힌두교도들의 가장 신성한 성지인 갠지스 강가의 바라나시, 크리슈나의 탄생지인 마투라로 가는 길 위에 내가 있었다. 또한 여기, 예부터 인도의 수호성인으로 공경을 받던 토마스 사도의 무덤이 있는 첸나이에서 익숙한 복음 구절 덕분에 이 순간 정말로 집에 있는 듯 편안함을 느꼈다.

그때 나는 요한복음의 이 구절을 이전과 별반 다름없이, 이 구절에 대한 일반적인 해석을 받아들였다. 즉, 예수는 의심하는 사도들 앞에 나타나 '그분이 부활한 사실'에 대한 모든 의심을 풀어 주었고, '의심하는 토마스'를 단박에 믿음의 사람으로 만들었다. 그 순간에는 이 구절이 어떤 사건으로 인해 다시 한 번 나에게 열리고, 완전히 다르고 깊게 나를 사로잡으리라고는 전혀 예감하지 못했다. 날이 저물 때까지도 그 구절이 새로운 빛 안에서 그리스도교 신앙의 위대한 신비인 예수의 부활과 그분의 신성을 보여 주고 있다는 것을 전혀 느끼지 못했다. 그리고 점점 더, 이 새로운 자각이 그때까지 내가 전혀 알지 못했던 특정한 영성의 길로 이끌었다. 이 자각은 나에게 '의심하는 토마스를 위한 문', **상처 입은 자들의 문**을 보여 주었다.

그리스도교 신앙은 복음과 우리의 삶을 끊임없이 연결하는 데 있다. 즉, 그리스도교 신앙은 '그 이야기 안으로 들어가는' 용기에 있다. 자신의 삶의 경험을 바탕으로 성경 이야기의 의미를 늘 새롭고 깊게 발견하려 하고, 자신의 삶을 비추고 설명하고 변화시키기 위해 복음의 강력한 표상들이 힘을 발휘하게 하는 것이 중요하다.

사건, 경험, 사상과 순간의 통찰 들은 우리 안에서 성숙되고 열매 맺기 위한 시간이 필요하다. 인도로 순례를 떠났던 것이 12년 전이다. 지금은 다시 라인란트 숲에 자리한 수도원에서 고요와 고독 속에 있다. 한밤의 폭풍우가 지나면 산봉우리는 짙은 안개로 덮인다. 서서히 그리고 간신히 첫 아침 햇살이 그 사이를 뚫고 나온다. 낮게 깔린 구름은 골짜기 곳곳을 휘감는다. 그 구름 한가운데서 나는 이 책을 쓰고 있다. "내가 품은 희망에 대해 누가 물어도 해명할 수"(1베드 3,15 참조) 있도록 말이다.

❧

"신은 죽었다. 우리가 죽였다. 너희와 내가!" 나는 『즐거운 학문』에 표현된 니체의 운명관에 대해 이미 여러 번 인용했다. 거기서 '광인'(불편한 진실을 선언할 수 있는 유일한 사람)은 **신을 믿지 않는 사람들에게** 자신이 진단한 세상을 선포한다. 광인은 세상이 이제까지의 형이상학적이며 도덕적인 확실성의 기반을 상실했다고 알린다.[1] 니체의 다른 책에서도, 비교적 덜 알려져 있고 덜 인용되는 문구이지만, **'옛 신들의 죽음'**에 대한 서술을 볼 수 있다. 유다인의 신이 자신을 유일한 신으로 선언했을 때, 소위 모든 신은 죽도록 웃긴 이 불손한 어리석음에 대해 조소를 퍼붓기 시작했다.[2]

"종교가 다시 돌아왔다." 오늘날 우리는 이 말을 세상 도처에서 자주 듣는다. 이것이 좋은지 나쁜지, 그리고 어디에서, 누가, 도대체 무엇이 돌아왔는가에 대한 의견은 갈린다. '아브라함, 이사악, 야곱 그리고 예수의 하느님', 즉 유다인과 그리스도인 그리고 무슬림이 믿는 유일신이 돌아왔는가? 아니면 계몽주의자들이 발견한 신, 정치적 선언의 수사이며 헌법 전문에 들어 있는 최고 존재인 '철학자의 신'이 귀환했는가? 메말라 버린 인간의 마음에 나지막이 대답하고 그들의 상처를 치유해 주는 하느님이 돌아왔는가? 아니면 반대로 심각한 피해를 주는 전쟁과 복수의 신이 돌아왔는가? 우리가 구닥다리에다 우스꽝스럽고 냉소적인 우상들의 새로운 왕림에 기뻐해야 하는가?

마르티노 성인에게 한번은 사탄이 그리스도의 모습으로 나타났다는 이야기가 있다. 그러나 성인은 속지 않았다. 성인은 이렇게 물었다. "당신의 상처가 어디에 있습니까?"

영적 개방성에도 불구하고, 나는 '경계 없는 관용'을 인정하지 않는다. 그러한 관용이 신중한 '영적 식별' 노력을 포기할 때, 그것은 오히려 무관심과 영적 게으름의 또 다른 표현이 될 뿐이다. 파괴적인 '하느님상像'이 존재한다는 것을 받아들이지 않는 것, 또한 가장 존귀한 전통 안에 쟁기 대신 무기로 쉽게 고칠 수 있는 상징과 표현 그리고 서

사가 잠들어 있다는 것을 받아들이지 않는 것은 순진하고 위험한 것이 아닌가? 인생에서 위대하고 실존적인 모든 것이 그런 것처럼 종교에도 많은 위험과 위협이 있다. 따라서 나는 토마스 사도와 마르티노 성인과 함께 '신의 죽음' 이후 또는 우스꽝스러운 우상들의 몰락 이후 주인 잃은 왕좌를 차지하려는 모든 것에게 묻는다. "우선 당신의 상처를 보여 주시오!" 나는 더 이상 '상처 입지 않은 종교'를 믿지 않는다.

🌿

수년 전부터 나는 존중과 열린 마음으로 다양한 종교적 여정을 연구하는 데 진력했다. 나는 세계 여러 곳을 돌아다녔다. 내가 보고 느낀 것들은 '양자택일'이라는 단순한 논리를 고집하게 하지 않았다. 만일 두 사람의 의견이 다르다면, 최소한 한 사람은 잘못 생각하는 것이어야 한다는 논리 말이다. 누군가 나와 다르게 말하고 생각한다면, 그것은 단순히 그가 나와 다른 입장과 관점 그리고 전통 또는 다른 경험에서 보기 때문이라는 것을 알게 되었다. 그는 다른 '언어'로 표현한 것이다. 우리의 관점과 표현의 차이가 나나 상대의 진리에 대한 주장을 부정해서는 안 된다. 마찬가지로 상대방과 나의 진정성과 성실성에 의문을 제기해서도 안 된다. 그러나 동시에 이러한 인식이 편리하고 체념한 듯한 상대주의('각자 자신만의 진리를 갖고 있다')로 이끌어서는 안 된다는 것 또한 알고 있다. 이러한 인식은 서로 대화하고 자신만의 경험을 서로 나눔으로써 불가피하게 경계가 그어진 지평을 넓히고 다른 이와의 대화 속에서 자기 자신 또한 알아 가려는 노력으로 이끌어야 한다.

나는 사람들을 삶의 궁극적 신비로 이끄는 다양한 길을 존중해야 한다는 것을 배웠다. 어떤 '절대 신비'는 우리가 인간과 연관 지어 놓은 모든 개념과 이름을 무한히 능가한다고 생각한다. 그렇다, 나는 모든 인간의 아버지, 한 분 하느님을 믿는다. 그는 한 인간도 아니며 '종교 기관'이나 그들의 대표자들이 '독점'하는 존재도 아니다. 그분은 여기저기서 휘돌고 있는 강물이 최종적으로 만나는 강어귀다. 각자의 전통의 빛, 각자의 진리를 향한 갈망, 삶의 궁극적 신비를 성실하게 추구하고 그것을 존중하는 그들의 양심과 인식의 빛에 이끌려 온 이 모든 이의 길들이 다양한 종교 체제와 문화의 경계를 넘어 결국 그분에게서 만날 것이라고 나는 **확신한다**.

내가 모든 것을 알고 모든 것을 꿰뚫어 보는 사람은 아니다. 그러니 나는 사람과 그들의 개인적 신앙에 대해 단정적으로 판단하는 것은 나의 권한이 아니다. 나는 그들의 마음속을 들여다볼 수 없고, 그들 순례의 목적과 종착지를 알 길이 없다. 하지만 아무도 나에게서 '다른 이의 하느님'이 결국 '나의 하느님'이라는 **희망**을 앗아 갈 수 없다. 내가 믿는 하느님은 또한 내가 이름도 알지 못하는 사람들의 하느님이기 때문이다.

그러나 여기에 덧붙여 고백할 것이 있다. **나에게는** 상처 입은 손과 꿰뚫린 심장에 의해 열린 바로 그 문 말고 그분께 가는 다른 길이 없다. 심장까지 파고드는 그 상처를 보지 않고서는 '**나의 하느님, 나의**

14

주님'이라고 부를 수 없다. 라틴어 '믿다'(credere)라는 말은 '심장을 내어 주다'(cor dare)에서 왔다. 그렇다면 나의 심장과 나의 신앙은 **오직 당신의 상처를 보여 주는 하느님께만** 속한다고 고백해야 한다.

나의 신앙과 나의 사랑은 하나이고, 나를 사랑하신 그분의 응답인 십자가에 달리시기까지 한 사랑을 아무도 나에게서 빼앗을 수 없다. **누가 우리를 그리스도의 사랑에서 갈라놓겠는가?**(로마 8,35 참조). 무엇이 당신의 상처로 증명되는 사랑에서(요한 20,20-27 참조) 나를 갈라놓겠는가? 나는 그분의 상처를 보지 않고서는 '나의 하느님'이라는 말을 내뱉을 수가 없다! 강렬하게 빛나는 종교적 환영에 직면하더라도, 그것에서 '못 자국'을 보지 못했다면 나는 그것이 환상은 아닌지, 내 소망의 투사는 아닌지, 심지어 그리스도의 적과 관련된 것은 아닌지 분명히 **의심**할 것이다. 나의 하느님은 상처 입은 하느님이다.

누군가 내가 방금 말한 것이 모순된다고 느낀다면, 나 또한 그렇게 느낀다고 고백한다. 이는 내 신앙의 근원적인 긴장이다. 하느님은 당신 자녀들의 다름을 관대하게 받아들이시고 그분의 품은 우리가 헤아릴 수 없을 만큼 넓게 열려 있다는 확실한 **희망**과 **믿음**이 나를 하느님께 향하게 한다. 그러나 이는 나에게 그 광대함의 경계가 어디쯤에 있는지 '확신'할 수 없다는 것을 의미하며, 또한 나는 단순히 '모든 것'을 품는다고 순진하게 전제할 수 없다. 나는 다른 이, 적어도 그들 신앙 **행위**의 진정성과 성실함에 대한 존경을 잃지 말아야 한다. 그러나 내가 무언가에 '집착해야' 한다면, 그 **열매에 대해 물어야** 할 것이다(마태 12,33 참조). 종교에는, 다른 의미 있는 삶의 영역에서와 마찬가지로, 본질적이고 대체할 수 없는 귀중한 가치뿐만 아니라 그것을 사칭하는 것들도 있다. 이것은 잡초와 독초일 수 있다. 그러나 이는, 많은 이가 그렇게 생각했고 지금도 그렇게 생각하고 있듯이, 훌륭한 결실을 맺을 수 있는 땅(이른바 우리의 것)이 있고, 우리가 처음부터 말했듯이 다른 데서는 어떤 좋은 것도 자라지 않는다는 것이 아니다. 성경은 우리에게 나타난 영이 '누구에게 속한 영'인지를 철저하게 시험하라고 요청할(1요한 4,1 참조) 뿐만 아니라, '가라지와 밀'의 구분이 대단히 어렵고, 결국 이것은 우리가 죽을 때까지 풀 수 없는 과제이고 우리의 판단 능력을 넘어선다고 경고하고 있다(마태 13,29 참조).

그렇다면 나는 무엇을 할 수 있을까? **나의** 신앙과 나에게 신앙으로 제시된 것은 '마르티노 성인의 시험'을 치르게 될 것이다. 나는 피흘린 적도, 상처 자국도, 흉터도 없는, 상처 입지 않은 신, 이 세상에서 내내 춤만 추는 신들과 종교들을 믿지 않는다. 그것들은 오늘날 종교 시상에서 그들의 휘황찬란한 매력만 보여 주고 싶어 한다.

나의 신앙은 가파른 '십자가의 길'을 걸을 때, **상처 입은 그리스도의 좁은 문**을 지나 하느님께 나아갈 때, 가난한 자들의 문, 상처 입은 자들의 문을 지날 때 의심의 짐을 내려놓고 내적 확신과 고향의 편안함을 느낄 수 있다. 부자, 배부른 자, 자기 확신에 가득 찬 자, 아는 자, '보는 자', '건강한 자', '경건한 자', '지혜롭고 신중한 자'는 그 문을 지날 수 없다. 부자가 하늘나라에 들어가는 것보다 낙타가 바늘구멍으로 들어가는 것이 더 쉽다(루카 18,25 참조).

토마스 사도는 부활한 주님을 보고 정말로 모든 의심에서 영원히 해방되었는가? 아니면 예수는 그에게 **당신 상처를 통해** 찾는 자와 의심하는 자들이 정말로 **하느님을 만질** 수 있는 유일한 부분을 보여 주신 것인가? 어느 날 첸나이에서 이 생각이 떠올랐다.

어느 더운 날 오후, 인도 사람인 친한 가톨릭 사제이자 첸나이 대학 종교학과 교수가 나를 토마스 사도가 고문당하고 죽음에 이르렀다는 전설이 있는 곳으로 데려갔다. 그런데 거기에서 멀지 않은 곳에 가톨릭 단체가 운영하는 고아원이 있었다.[3]

나는 인도 여행 이전과 이후에 아시아, 아프리카, 남아메리카를 여행하며 그들의 비참한 상황을 아주 가까이에서 목도했다. 나는 진료실과 고해소에서 도덕적 해이, 마음속 아픔, 인간 운명의 어두운 부분을 알게 되었다. 나는 '우리 시대의 골고타', 즉 국가사회주의와 공산주의의 집단 수용소, 히로시마 피폭지와 맨해튼의 9·11 테러 현장을 방문했다. 그곳은 거기서 자행된 불법적 폭력에 대한 기억이 지금도 여전히 심상心像으로 살아 있는 곳이다. 그러나 나는 첸나이 고아원을 결코 잊을 수가 없다.

닭장 같았다고 기억하는 작은 침대에 버려진 아이들이 누워 있었다. 배고픔으로 배는 부풀어 올라 있었고, 앙상한 뼈는 검은, 때로는 염증으로 뒤덮인 피부에 싸여 있었다. 끝이 없어 보이는 복도 곳곳에서 열병을 앓고 있는 그들의 눈이 나를 응시하고 있었고, 붉은 손바닥을 나를 향해 뻗었다. 그 공기에 숨이 멎었다. 그 악취와 울음 한가운데서 나는 심리적·육체적·양심적으로 아주 힘들었다. 나는 사람들이 때때로 고통받는 이들 앞에서 느끼는 무기력함과 불타오르는 수치심으로 질식할 것 같았다. 우리에게는 건강한 피부, 포만한 배, 깨끗한 침대 그리고 거처할 집이 있기 때문이다. 나는 그곳에서 비겁하게 가능한 한 빨리 도망치고 싶었다. 눈과 마음을 닫고 잊고 싶었다. 아이들이 고통받는다면 신에게 이 세상의 '입장권'을 '반납'할 것이라는 이반 카라마조프의 말이 떠올랐다.

하지만 바로 그 순간 '내 상처를 만져 보시오!'라는 문장이 내 마음속 깊은 곳에서 솟구쳐 올랐다. 그리고 **"당신 손가락을 이리 내밀어 내 손을 살펴보시오. 그리고 당신 손을 내밀어 내 옆구리에 넣어 보시오"** 라는 말씀이 들려왔다.

'의심하는 자들의 수호성인'의 무덤에서 아침 미사 중에 읽었던 요한복음의 토마스 사도 이야기가 새롭게 다가왔다. 예수는 모든 작은 이와 고통받는 이를 자신과 동일시했다. 그러므로 **상처 입은 모든 이, 세상과 인간의 온갖 고통은 '그리스도의 상처'다**. 내가 오늘날 이 세상에도 여전히 가득한 그분의 상처를 만질 때만, 그리스도를 믿을 수 있고 '나의 주님, 나의 하느님'이라고 부를 수 있다. 그렇지 않으면, 나는 무의미하고 헛되이 '주님, 주님!'(마태 7,21 참조)을 부르는 것이다.

분명히, 우리 중 누구도 자신을 이 세상의 모든 상처를 **치유**할 수 있는 메시아라고 여기지 않는다. 덧붙여 말하자면, 예수는 공생활 동안 단 한 번도 자기 자신을 그렇게 여기지 않았다. 메시아가 되려고 하지도 않았다. 우리는 '돌로 빵을 만드는'(마태 4,3 참조), 그야말로 혁명적인 **마술**로 사람을 홀리는 유혹에 저항해야 한다. 우리가 우리 능력과 가능성 안에서 할 수 있는 모든 노력을 충실히 한다 하더라도, 우리 땅의 태반을 휩쓸어 버린 고통의 바다에서 굽이치는 파도에 맞서 우리는 겨우 한 발짝 나아갈 수 있을 뿐이다. 그렇다고 해도 세상의 상처에서 도망가거나 그 상처들을 외면해서는 안 된다. 어쨌든 우리는 그 상처를 **보고 만져야** 하고, 그 상처에 의해 우리 **마음이 움직여야** 한다. 내가 상처에 무관심하고 냉담하고, **상처받지 않은 채**로 있다면, 어떻게 신앙을 고백하고, **보지 않은 하느님을 사랑한다**고 고백할 수 있겠는가(1요한 4,20 참조). 그렇다면 나는 하느님을 정말로 **보지 못할 것이다!**

첸나이의 그곳에서 갑자기 모든 것이 분명해졌다. 이웃의 아픔을 진정으로 받아들이지 않는다면 나는 하느님을 고백할 자격이 없다. 사람들의 고통 앞에서 눈을 감는 신앙은 환상이거나 마약이다. 그런 종류의 종교에는 프로이트와 마르크스가 퍼부은 비판이 옳다!

그러나 매우 중요한 사안이 있다. 세상의 고통이 세상과 우리 각자의 양심에 소리치고, 그 고통의 외침이 받아들여지지 않고 있더라도 우리가 이러한 **세상의 고통을 단순히 '사회문제'로만 국한해서 인식해서는 안 된다.** 우리가 이러한 삶의 문제를 '완전히' 해결할 거라고 단 한 순간도 생각해서는 안 된다. 아프리카를 돕는 자선 활동에 참여하거나 걸인에게 적선하거나, 정치적 결정을 묻는 선거에서 공익을 위하는 쪽에 찬성표를 던지는 것은 아주 중요하다. 하지만 그것으로 충분하지 않다. 우리 주위 사람들 내면에는 숨겨진 여러 가지 고통이 있다. 그리고 우리 또한 자신 안의 치유되지 않은 상처들을 간과해서는 안 된다. 우리가 그 상처와 치유를 인정하면 '세상의 치유'에도 기여하는 것이다. 때때로 이것은 타인의 아픔을 진정으로 마음 깊이 받아들이고 돕기 위해 아주 중요한 전제다.

❦

첸나이에서의 그날 오후, 이런 생각이 문득 떠올랐다. 어쩌면 토마스 사도의 의심은, 과학주의와 실증주의 시대의 후손인 우리가 수시로 걸리는 의심병과 다르며 이 이야기에 우리가 성급하게 투사하는 의심과도 전혀 다른 유형의 의심일 수 있다. 사도는 결코 답답한 '유물론자'가 아니라 그가 '만질' 수 없는 신비에 열려 있을 능력이 없었던 것이 아니었을까?

　토마스 사도는 비참한 최후까지 그의 스승을 따를 준비가 되어 있던 사람이었다. 그가 라자로에게 갔을 때, 예수의 말에 어떻게 반응했는지 떠올려 보자. "우리도 주님과 함께 죽으러 갑시다"(요한 11,16). 그는 기꺼이 십자가를 받아들였다. 그리고 그분의 부활 소식은 그에게 아마 수난사의 적절한 '행복한 결말'로 보였을 것이다. 어쩌면 그래서 그는 다른 사도들과 기쁨에 동참하기를 거부하고, **예수의 상처를** 보려 했던 것이다. 토마스 사도는 **'부활'이 십자가를 헛되게 하는 것은 아닌지**(1코린 1,17 참조)를 보려 했다. 그래야만 토마스 사도는 '나는 믿습니다'라고 말할 수 있었다. 결국 '의심하는 토마스 사도'가 다른 누구보다도 더 깊이 부활 사건의 의미를 파악한 것이 아닐까?

대 그레고리우스는 토마스 사도에 관한 복음 강론에서 이렇게 말했다. "신앙을 위해서는, 토마스 사도의 불신이 믿는 제자들의 신앙보다 우리에게 더욱 유익합니다."[4]

❧

예수는 토마스 사도에게 나타나 당신 상처를 보여 주었다. 보라, 이 고통은, 그것이 어떤 고통이든, 쉽게 사라지거나 잊히지 않는다! 상처는 상처로 남아 있다. 하지만 '우리 모두의 아픔을 지고 간' 그 사람은 순종하며 지옥문과 죽음의 문을 지났고, 납득하기 어려운 방식으로 우리와 함께 여기에 있다. 예수는 '사랑은 모든 것을 견디어 낸다'(1코린 13,7 참조)는 것을, '큰물도 끌 수 없고 강물도 휩쓸어 가지 못하고, 죽음처럼 강한 사랑'(아가 8,6-7 참조), 죽음보다 강한 사랑을 우리에게 보여 주었다. 이 사건에 비추어 볼 때, 사랑은 감정적 영역으로 흘려 보내서는 안 되는 가치로 나타난다. 사랑은 어떤 힘이다. 죽음을 이기고 꿰뚫린 손으로 죽음의 문들을 부수는 유일한 힘이다.

부활은 '행복한 결말'이 아니라, 요청이며 요구다. 고통의 불길을 끌 수 없다 할지라도, 이 고통의 불길 앞에서 항복해서도 안 되고 할수도 없다. 악에 직면해서 악에게 최종 결정권을 내맡겨서도 안 된다. 세상의 기준에서 사랑을 잃어버린 곳에서도, "사랑을 믿는 것"(1요한 4,16 참조)을 두려워해서는 안 된다. "이 세상의 지혜"에 맞서 **십자가의**

어리석음을 믿어야 한다!(1코린 4,10 참조).

어쩌면 예수는 토마스 사도가 **상처를 만짐으로써** 자신의 신앙을 다시 깨우기를 바랐는지도 모른다. 첸나이의 고아원에서 번개가 내리치듯이 나에게 했던 이 말씀처럼 말이다: **네가 사람들의 고통을 어루만지는** 거기에서, 어쩌면 그곳에서만 너는 **내가 살아 있다는 것**, '내가 있다'는 것을 알게 될 것이다. 사람들이 고통받는 곳에서 나를 만난다. 이 만남을 피하지 마라. 두려워하지 마라! 불신하지 말고 믿어라!

구약의 주님이신 하느님은 불타는 떨기 속에서 모세에게 나타났다(탈출 3장 참조). 우리 주님이자 하느님인 그분의 외아들은 고통의 불꽃, 십자가에서 나타났다. 우리가 자신의 십자가를 지고 타인의 짐도 기꺼이 나누어 질 때, 세상의 상처 자국이, 그분의 상처 자국이 우리에게 어떤 부름이 될 때 우리는 그분의 외침을 알아듣는다.

주

1 Nietzsche F., *Die fröhliche Wissenschaft*, Zweites Buch, Aphorismus 125 (KSA 3, S.480ff) 참조.

2 Nietzsche F., *Also sprach Zarathustra*, Dritter Teil, Von den Abtrünnigen, 2 (KSA 4, S.230).

3 첸나이를 포함한 나의 인도 여행에 대해서는 *Co je bez chvění, není pevné* (Praha 2002) 25-28에서 상세히 기술했다.

4 *Plus enim nobis Thomae infidelitas ad fidem quam fides credentium discipulorum profuit,* Hom. 26, 7-9; Patrologia latina 76, 1201-1202.

2

간극 없이

사도들은 각자 사명을 받았다. 베드로 사도는 그리스도의 양 떼를 돌보았고, 바오로 사도는 이방 민족을 향해 멀리 길을 떠났다. 토마스 사도는 무엇을 했을까?

앞 장에 이어 좀 더 깊이 생각해 보자. '믿는다는 것'이 항상 시급한 문제들의 짐을 벗어던지게 할 수 있다는 의미는 아니다. 때로 믿는다는 것은 의심의 십자가를 지는 것이고, 또한 이 십자가를 지고 그분을 충실히 따른다는 것을 의미한다. 신앙의 힘은 '신념의 확고함'에 있는 것이 아니라, 의심과 불분명함을 견디고 **신비의 무게**를 버텨 내면서 충실함과 희망을 잃지 않는 능력에 있다.

그렇다, 토마스 사도의 사명은 바로 이러한 것일 수 있다: 그리스도의 옆구리를 만짐으로써 생겨난 믿음은 토마스 사도에게 '소유'의 대상이 아니다. 이제 그 믿음은 그를 **길** 위에 멈춰 있게 하지 않는다.

토마스 사도는 의심의 무게와 회의에 대한 유혹을 계속 지니고 있다. 토마스 사도는 **세상의 상처를 어루만지며 하느님을 만지고** 그곳에서만 확실한 믿음을 얻고, 그곳에서만 그분을 만난다. 오직 그곳에서만 토마스 사도는 부활하신 분과의 만남을 또다시 경험한다. 이것이 토마스 사도의 사명이다.

이렇게 토마스 사도는 의심의 어두운 밤 속에서 인생을 지나고 있는 많은 이들을 위해 이 세상에서 하느님의 매우 특별한 현현과 예기치 않은 '하느님 경험'으로 이끄는 길을 낸다. **주님을 보았던 이는 보지 못했던 이들에게** 문을 열어 준다. 주님을 보지 못했던 이들은 세상의 상처에서 거듭해서 예수를 만날 수 있다.

누군가 교회가 제공하는 전통적인 환경, 강론, 미사와 교리에서 그리스도를 찾을 수 없다면, 그들을 위한 다른 가능성도 늘 열려 있다. 사람들이 고통을 받는 곳에서 그분을 만나는 것이다.[1] 예수가 이렇게 말하시 않았는가?: "너희가 이 지극히 작은 내 형제들 가운데 하나에게 해 주었을 때마다 나에게 해 준 것이다"(마태 25,40).

나아가, 우리는 자신의 고통 깊은 곳에서도 그분을 만날 수 있다.

❧

세상에 악과 고통이 존재한다는 사실만으로 하느님에 대한 신앙을 빼앗긴 이들이 많을 것이다. 나는 이러한 유혹은 받지 않았다. 오히려 나는 이를 반대로 이해하고 경험했다. 아주 사소한 것이 세상의 부조리 같은 것의 의미에 대한 갈증을 내 안에서 강하게 불러일으켰고, 인생에서 필연적으로 따라오는 고통스러운 열린상처 같은 것이 **하느님에 대한 갈증**을 강하게 일으켰다.

명백한 확신과 '지복직관'(visio beatifica)은 완전한 천상의 안식을 위해 유보된 것인 반면, 이러한 타는 듯한 목마름은 신앙의 지상적 형태가 아니던가? 신앙은 이 지상에서 '확실성'을 제공하는 것이 아니라, 불가해한 것에 대한 개방성을 요구한다. 묻고 구하기를, 가끔은 눈물을 머금고 외치기를, 저항하면서도 믿음과 인내를 끊임없이 청하기를 요구한다. 또한 '신은 존재하지 않는다'는 무신론자의 대답이든, 습득한 문장이나 '정답'이 자신의 삶에 아무런 영향이나 변화도 미치지 못하면서 같은 말만 되풀이하는 경건한 사람들의 대답이든 상관하지 않고 흔해 빠진 대답과 얼렁뚱땅 넘어가는 설명으로 만족하지 않는 용기를 요구한다. 하느님을 향한 목마름과 하느님을 향한 물음은 당연히 연상 작용, 상상, 서로 연결되는 질문들(예를 들어, 하느님과 관련하여 '하느님'이라는 단어와 '존재'는 무엇을 의미하는가?)을 불러일으킨다. 그러므로 교의적이고 엄격한 답변들, 즉 하느님을 무신론적으로 부정하는 것과 신비를 명백한 하나의 정의로 만들어 유신론자의 틀 안에 가두어 놓는 것, 이 둘은 위대한 영적 여정을 향한 문 앞에서 늘 똑같이 나를 막아 세웠다.

세상이 완전하다면, 세상 자체가 하느님이라면 세상에서 하느님에 대한 물음도 없을 것이다.[2] 모순이나 반박 또는 의심 없이 무결하고 완벽히 조화로운 당신 세계에서 나르시시즘에 빠져 티끌 하나 없는 거울 속의 자신을 바라보는 하느님은 **나의 하느님**이 아닐 것이다. 그런 하느님은 성경의 하느님도, 내가 믿는 하느님도 아닐 것이다. 성경이 풀어내는 역사는 편하고 평화로운 목가적 풍경이 아니라, 번민에 가득 찬 드라마다. 성경이 말하는 세상은, 오늘날의 세상과 마찬가지로 피비린내 나는 고통스러운 상처를 지니고 있다. 성경이 고백하는 하느님도 이 상처를 지녔다.

이 책에 영감을 준 복음 이야기에서 하느님은 자신을 **상처 입은 하느님**으로 보여 준다. 스토아학파의 냉담한 신도, 우리의 소망이 투영된 신도, 한 인간이나 나라의 권력욕의 상징도 아니다. **공감하는** 하느님, 즉 함께 느끼고, 함께 고통받고, 함께 기뻐하는 하느님이다.

***

신학적 사고의 세계에서 첫 번째 일탈을 감행해 보자. 고통받는 하느님에 대해 이야기하는 것은 외줄에서 균형을 잡는 것과 같다. 이런 이야기는 고대에 이단인 **성부수난설**, 즉 십자가의 그리스도의 수난은 하느님 자신이 수난당한 것이라는 이론에 빠질 위험이 있다. 성부수난설은 또 다른 이단인 **그리스도단성론**, 즉 성부와 성자, 그리스도 안의 신성과 인성은 서로 나뉠 수 없다는 이론이 내포되어 있는 견해이므로 마땅히 이단으로 판결 났다. 성부수난설 거부와 육화되신 하느님의 실체 앞에서 갖는 정당한 두려움이 어쩌면 더욱 위험한 또 다른 극단으로 이끌어서는 안 된다. 성경의 하느님을, 최초의 **부동**不動**의 원**

동자原動子로, 냉담하고 정적인 '최고 존재'로 묘사하는 이교도의 냉혈한 하느님 표상과 혼동해서는 안 된다'는 것이다.

우리는 유다인과 무슬림과 더불어, 숨어 계시면서도 (사건 속에) **발생하는** 말씀으로 당신을 드러내며 역사를 바꾸는 한 분 하느님을 고백한다. 우리 그리스도인은 여기에다 우리에게 절대적으로 본질적인 것을 더한다. "**말씀이 사람이 되셨다.**" 아주 오래전 하느님은 말씀으로 세상을 창조했고, 우리 인간과 소통했다. 이 말씀의 풍요로움을 우리는 나자렛 사람 예수에게서 깨닫는다. 그래서 우리는 이렇게 확언한다. "맨 처음에 말씀이 계셨다. 말씀이 하느님과 함께 계셨으니 그 말씀은 하느님이셨다"(요한 1,1).

'예수는 하느님이다'라는 증언은 유다인과 무슬림에게서 우리를 분리시킨다. 그들은 유일한 하느님에 대한 순수한 신앙인 일신론을 배신했다고 우리를 의심한다. 수년간 유다교와 이슬람교 신학자들과 대화를 나눈 후 다음과 같은 물음이 내 머릿속에서 떠나지 않았다: 우리 사이에 있는 장애물이 어쩌면 성부와 성자의 일치성에 대한 특정한 **해석**이지 신비 그 자체는 아니지 않은가? 오늘날 이미 오래전부터 우리에게 익숙하지 않은 것을 표현하는 생각의 범주들과 본성·본질·위격 같은 형이상학적 개념에 대한 그리스어 장치를 간단하게 생략한다고 해도, 나자렛 사람이 **우리와 하나이듯 그가 하느님과 하나**라는 것은 여전히 동일한 신비이지 않을까? 성부와 성자의 일치가 성부의 유일성이나 성자의 인성人性을 약화시키지 않는다는 것을 분명히 하는 것, 우리와 예수의 일치가 예수와 성부와의 유일한 결합을 약화시키지 않은 것처럼 성부와 성자의 일치가 우리 인간과 예수와의 일치를 조금도 떼어 놓지 못한다는 것을 분명히 하는 것이 어떻게 이 **일치성**에 대해 다르게 말하는 것이 되겠는가?

그리스도는 참인간이고 참하느님이다. 이 고백이 그리스도교 신앙의 핵심이다. 칼케돈공의회(451년)는 '동일 본질'(homoousios)의 이중 사용, 즉 예수는 그의 인성에서 우리와 하나의 본질이며, 동시에 그의 '신성에서' 성부와 **하나**, 즉 '동일 본질'이라는 교리를 통해 이 고백을 표현했다. 여기서는 나자렛 예수의 위격(라틴어: persona/그리스어: *prosopon*)뿐만 아니라, 성부와 성자의 '위격' 사이의 실제적 구별도 유지된다. 예수는 모든 것과 모든 이의 아버지이자 창조주인 하느님 아버지가 **아니다**. 성부와 성자의 유일한 결합에 대한 고백이 이중의 신성을 받아들이는 것으로 이끌거나, 하느님의 유일성에 대한 믿음, 거기서 이어지는 일치에 대한 믿음과 모든 인간이 동일한 존엄성(우리는 그 모든 차이에도 불구하고 공동의 아버지의 똑같은 자녀들이므로)을 지닌다는 믿음을 약하게 해서는 안 된다.

그러나 고대 교회가 수세기에 걸친 — 유감스럽게도 사적이고 정치적인 투쟁으로 가득 찼던 — 지적 투쟁에 승리해 정의한 근본적인 그리스도론 교의는 유다인과 무슬림뿐 아니라 많은 그리스도인에게도 걸림돌이라는 사실도 인정하자. 말로, 문자로 이렇게 신앙고백을 하면서도 믿는 이들의 마음속에는 고대 그리스도교 이단을 대놓고 연상시키는 풍자화가 숨어 있다. 인간으로 위장한 하느님인 예수, 하느님으로 추앙받는 영웅 예수, 신과 인간 사이에 있는 반인반수의 켄

타우로스 같은 '신神 – 인人' 등이다.

이런 키마이라들에 경악한 많은 이가 예수에 대한 피상적인 인본주의적 이해에서 피난처를 찾고, 예수를 '순수한' 인간 또는 '아바타', 다시 말해 하느님의 화신 중 하나나 지상의 신성한 원리 중 하나 또는 많은 도덕론 중 하나로 보는 것이 놀라운 일은 아니다. 그들은 그리스도교의 진한 포도주에 상대주의라는 미지근한 물을 부어 그 본질마저 알아볼 수 없을 정도로 희석시킨 다음 예수를 묘사하는 것을 즐긴다. 그러면서 이를 어리석게도 모든 것을 포용하는 관용의 미덕이라고 생각한다. 그러나 그리스도교 신앙고백의 핵심은 고대 현자 중 한 사람의 고귀한 덕이 아니라, 마구간에서 태어나 저항하는 노예로 죽임을 당한 남자에 대한 충격적인 소식이다. 한편으로는 그가 인성과 신성의 유일무이한 결합, 다시 말해 하느님과 인간에 관한 진리와 이 둘 상호 간의 관계를 보여 주었고, 다른 한편으로는 '인간 본성' 안의 깊은 상처에 필요한 치료제, 즉 '구원'과 '죄의 용서'를 드러내 보여 주었다는 것이다.

형이상학적 언어로 표현되는 '그리스도의 신성'과 그의 '부활'에 대한 핵심 진술을 서사 언어로 되돌리는 번역 작업을 통해 사람들에게 그리스도교 전통의 정통 신앙의 깊이를 열어 주는 것이 가능한가?

실제로 복음서에서 우리가 발견할 수 있는 '그리스도의 신성'에 대한 명백한 진술은 단 하나뿐이다. 바로 '의심하는 토마스 사도'가 부활하신 분을 만났을 때 외친 이 말이다: "나의 주님, **나의** 하느님!"

"나의 주님, 나의 하느님"이라는 이 외침에서 토마스 사도는 우리에게 그리스도의 본성에 관한 어떤 형이상학적 정의도 제공하지 않는다. 어쩌면 요한복음서에서 묘사된 이 기쁨의 외침은, 그리스 고전 희곡이 '신'이라는 단어를 다루는 방식과 비슷하다: "사랑하는 이를 안다면, 그것은 신을 아는 것이다!" 친구를 만날 때, 거기에 신이 있다! 신은 발생한다![4]

그렇다, 성경에서, 바로 그에게서 **하느님이 발생한다. 하느님은 그렇게 발생하는 하느님이다.** 토마스 사도는 십자가에 못 박히고 부활하신 분과의 만남에서 하느님이 발생하는 것을 경험한다. 하느님은 여기 있고, 그분을 '만질 수' 있다. **유일한 중개자**(1티모 2,5)와 하느님의 관계는 직접적이며 둘 사이에는 **간극이 없다.**

"무신론자들 중에서 가장 경건한 사람"인 니체 — 그는 차라투스트라를 그렇게 불렀다 — 는, 그때까지 쓰인 반그리스도적 책 가운데 아마도 가장 거침없는 책일 『안티크리스트』 한가운데에 아주 이채로운 문구를 숨겨 두었다. 그는 증오의 나팔소리와 북소리가 절정일 때 놀랍게도 신을 향한 그의 (상처 입은) 사랑의 소나타가 울려 퍼지게 했다. 니체에게 예수는 "이제까지 살았던 이들 중 유일한 그리스도인"이다. 그리고 니체는 예수가 하느님과 인간의 '간극 없는' 관계를 보여 주었다는 것에 찬사를 보낸다.[5]

무엇보다도, 예수의 상처들이 그를 십자가 희생으로 이끌었던 인간들과 '간극 없이' 직접적인 연대 속에서 살았다는 것을 보여 준다. 이 세상에서 진리를 회피하지 못한 증인의 삶은 이런 식으로 끝난다. 예수의 십자가는 하나의 거울이다. 우리는 그 거울에서 완전히 발가 벗겨진 악과 폭력을 본다. 그 모습은 살풍경하지만, 예수가 살았고 우리도 살고 있는 이 세상의 매우 현실적인 모습이다.

"그들은 자기들이 찌른 이를 바라보리라"(즈카 12,10 참조). 오래전부터 그리스도인들은 구약성경의 이 구절을 십자가에 대한 예언으로 해석했다. 계속해서 성경에서 "그분의 상처로 우리는 나았습니다"라는 구절을 읽는다(1베드 2,24 참조). 그러나 어떻게 그럴 수 있을까? 폭력의 세상 한가운데서 십자가와 십자가 처형을 보여 주는 그 거울 속에서 우리 자신을 인식함으로써, 그러한 통찰이 우리를 회개로 이끌지 않겠는가? '깨끗한 손을 지닌' 우리는 어쩌면 무죄의 환상에서 깨어났고 세상에 대한 공동 책임을 받아들였는지도 모른다. 세상의 끔찍한 일은 악한 인간들의 행위에 의해 일어날 뿐만 아니라 '선한' 인간들의 무관심과 행동하지 않음으로 일어난다. 수난사의 구원하는 능력은 그 이야기 안에서 세상의 실상과 우리 자신을 만날 뿐 아니라, 당신 아드님 안에서 인간 고통의 심연, 유한함과 죽음의 심연까지 다가가는 하느님 행위의 놀라운 방식을 **간극 없이** 만나는 데 있다.

※

부활절 – **파스카**는 탈출을 기념하는 축제일이다. 유다인들은 파스카

축일에 노예로 살던 땅에서 탈출해 축복받은 자유의 땅으로 간 해방을 기념한다. 이는 예수 부활 사화의 본질적인 배경이다. 부활은 예수가 세상을 떠나 성부께로 가는 때다(요한 16,28 참조). 부활은 예수의 적, 즉 "어둠의 권세"(루카 22,53)가 표면적인 승리를 하는 때다. 그리고 **동시에** 예수가 '들어 올려진' 신비로운 축제의 때다. 요한복음이 강조하듯이, **십자가의 들어 올려짐**에서 인간을 통해 낮추어질 뿐 아니라 동시에 성부를 통해 올려져 '하느님 오른편에' 있는 이를 보는 때다(참조: 요한 12,32; 사도 7,56; 루카 22,69).

요한복음서가 묘사하듯이 부활 사화는 두 증언, 즉 **"보시오, 이 사람이오"**(요한 19,5)라는 빌라도의 외침과 **"보라, 하느님을"**("나의 주님, 나의 하느님!")이라는 토마스 사도의 외침이라는 틀에서 전개된다. 이 두 증언 모두 예수에 관한 것이고, 두 증언 모두 **그들이 본 그분의 상처에 대해 말한다.** 하나는 인간의 상처에 대해 말하고 다른 하나는 하느님의 상처에 대해 말한다. 두 증언은 **예수의 상처에 대한 두 가지 다른 해석**을 표현한다고 할 수 있다. 어쩌면 그 무엇과도 다르고, 아니 어쩌면 단지 상처뿐일 수도 있는 그의 상처는 나자렛 예수가 보여 준 인성人性과 신성神性의 결합을 드러낸다. 그러나 이 인성과 신성 사이에 부활의 신비, 즉 예수의 죽음과 부활이 있다.

무시당하는 이들과 초대받지 못한 이들을 포함하여 인간과 '간극 없이' 연대하며 살았던 예수는 자신의 십자가로 죄의 심연, 즉 하느님과 인간 사이의 **간극**을 메웠다. 이 심연은 성경 첫 장의 이야기에 따르면, 하느님을 믿거나 믿지 않을 가능성 사이에 있던 인간('아담')이 후자를 선택했을 때 만들어졌다. 아담은 하느님에 대한 잘못된 표상을 받아들였다. 전혀 자비롭지 않고, 인간과 인간 자유의 부정직한 경쟁자인 하느님이라는, 사탄이 왜곡한 하느님상像을 받아들인 것이다. (많은 무신론자가 실제로 성경의 하느님과 그리스도교 신앙의 하느님을 거부하는 것이 아니라, 사탄이 제시하는 하느님에 대한 풍자화, 즉 두려워서 혹은 나쁜 의도로 인간적 위대함의 자유로운 발전을 방해하는 하느님상을 거부한다. 이러한 거부는 전적으로 정당하다. 이러한 하느님 표상은 마땅히 거부되어야 한다. 그러나 그러한 무신론자의 문제는 그가 하느님에 대한 다른 표상을 모르고 있고 하느님과의 경험도 없다는 것이다. 이로써 그는 역설적으로 그가 부정하는 바로 그 오류의 인질이 된다.)

그리스도의 십자가는 낙원에 있던 아담의 행위와는 정반대다. 아담은 자신의 불신과 불성실로 인해 하느님과 인간 사이의 근원적인 낙원의 친밀성을 깨뜨렸다. 반면, 예수는 자신의 믿음을 증명하고 신의를 지켰다. 성경이 '죄'라고 하는 소외의 나락의 표상인 어두움과 두려움 속에서도 예수는 순종했다.

요한복음서의 수난사를 구성하는 두 문장으로 돌아가 보자. "보시오, 이 사람이오"라는 빌라도의 말에는 격렬한 채찍질로 핏덩어리로 변해 버린 한 남자를 가리키는 몸짓도 담겨 있다. 그의 말은 여전히 유다인의 왕이라 불리는 자로서 아침에 총독의 법정에 끌려온 사람과 같은 사람을 가리키고 있는가? 이것이 인간적 본질이란 말인가? 피와 처형에 대한 요구가 충분히 만족되고 총독은 이 불편한 소란에서 마침내 벗어날 수 있게 되었으므로 그의 처참한 상태가 고발자와 수많은 구경꾼들 눈에 동정심을 불러일으키지 않았는가?

"보시오, 이 사람이오!"(Ecce homo). 이 장면은 '십자가의 길' 기도가 유래한 대중 신심과 묵주기도 고통의 신비에 깊이 자리했으며, 수많은 조각과 회화의 주제가 되었다. 그러나 이 장면은 빌라도의 외침이 암시하는 피상적인 의미 이면에서 확실히 더 깊고 넓게 경건한 관념을 이끌어 낸다. 그것은 인간, 인간존재, 경계에 선 인간 실존, 즉 약점, 고독, 고통, 무능함 속에 있는 인간을 표현한다. **그의 모습에 아름다움이라고는 없었고, 그는 우리에게 멸시당했으며, 그 앞에 선 이는 얼굴을 가릴 만큼 고통스러워하는 사람이었다**(이사 53,2-3 참조). 시편 구절로도 이 불쌍한 사람에 대해 말할 수 있다. "저는 인간이 아닌 구더기, 사람들의 우셋거리, 백성의 조롱거리. 저를 보는 자마다 저를 비웃고 입술을 비쭉거리며 머리를 흔들어 댑니다"(시편 22,7-8). 모든 영광, 권능, 위엄, 인간의 위대함은 사라졌다. 여기서 모든 인간존재는 피 흘리는 거대한 상처덩어리 같다. 그러나 이 또한 인간이다.

"길을 지나가는 모든 이들이여, 살펴보고 또 보시오. 내가 겪는 이 아픔 같은 것이 또 있는지!"(애가 1,12). 바로 이것이 수난당하는 예수의 모습이 **피에타**Pieta(죽은 아들을 품에 안은 어머니)처럼 치유하는 힘을 갖고 있는 이유다. 자신의 고통을 상대화하는 것이다. 십자가에 달린 예수는 이와는 반대로 어쩌면 이미 너무 '높이' 있을 수 있다. 십자가는 자주 여정의 정점, 승리("다 이루었다!")로 인식된다. 반면 십자가의 길이 시작되는 빌라도 앞에 있는 이 장면으로 고통의 드라마가 시작된다.

권력자의 법정과 광분한 군중 앞에서 채찍질당하는 그 사람은 실제로는 '아래에' 있다. 죽음의 구렁텅이 앞에 선 한 사람, 더 이상 자신을 자기 마음대로 할 수 없는 사람, 전적으로 타자의 악함에 의해 농락당하는 사람, 포박된 물건처럼 적들의 손에 완전히 넘겨진 사람, 대사제, 빌라도, 헤로데, 군인들과 사형집행인이 서로에게 떠넘긴 '수취인 불명의 우편물' 같은 사람, 이러한 이미지는 모든 겉치레와 배경이 사라진 인간존재의 근원적 심연을 비춘다.

빌라도가 "보시오, 이 사람이오!"라는 말을 하기 전 예수에게 한 "진리가 무엇이오?"(요한 18,38)라는 물음도 모호하다. 이 말은 권력을 지닌 실용주의자의 경멸적이고 조롱 섞인 발언이었을 것이다: "진리는 무엇인가? 그것은 정말 무엇을 의미하는가?" 이 물음에는 그 어떤 철학적 호기심도 없다. 예수는 이 물음에 침묵으로 응답했다. 그러나 "엑체 호모"Ecce homo 장면이 이 물음에 대한 실제적인 답이 아닐까?

온몸이 상처투성이인 사람은 인간과 인간의 운명에 대한 심오한 진리를 표현한다. 성금요일의 진리 없이 부활절 아침은 없다. 이 사실 말고 인간은 **아무것도 아니다**. 무덤이 있는 곳에 부활도 있다는 니체의 말 또한 옳았다.[6] 우리가 그 바닥을 만져 보지 않는다면, 심연에 직면해 얼굴을 가린다면, 인간 운명의 최극단까지 보려 하지 않고 모든 가능성 앞에서 한 발짝 물러선다면 우리는 인간에 대해서 무엇을 알겠는가?

미셸 푸코는 자신의 저작에서 진리와 권력과 폭력의 관계에 대해 훌륭하게 분석했다: 성금요일의 사건에서 우리는 권력과 폭력의 세상 저편에 있는 하나의 진리를 마주한다. 그 진리는 인간의 무력함에서 그 자리를 찾고 폭력에게 분명히 스스로를 내맡긴다. [예수는 "내나라는 이 세상에 속하지 않습니다. 내 나라가 이 세상에 속해 있다면 내 하인들이 싸워서 내가 유다인들에게 넘겨지지 않게 했을 것입니다. 그러나 사실 내 나라는 여기에 속하지 않습니다"(요한 18,36)라고 빌라도에게 말했다.] 폭력과 결탁하고, 직접 폭력을 행사하거나 복수하며 폭력을 무한히 양산하는 대신, 진리는 폭력의 희생자들을 좋아한다. 자발적인 희생자를 통해 **폭력 위로 진리가 드러나고**, 계속해서 희생자를 요구하는 복수 기계와 그로 인한 모든 결과를 멈추고 싶어 한다.[7] 진리는 폭력을 '멈출' 수는 없지만, 폭력의 본성을 드러낼 수 있다. 그리고 희생의 의미를 이해하는 사람들에게 폭력에 협력하거나 그들의 수단을 사용하지 않음으로서 이 폭력의 메커니즘을 끊을 것을 요구한다.

예수가 인성을 **온전히** 받아들인, 우리를 위한 하느님의 말씀이라면, 그의 인성은 흠 없는 하느님의 모상(그는 새로운 아담, 에덴동산 추방으로 인한 상처가 없는 아담이다)으로서 인간의 위대함과 완전함을 포함하고 있다. 뿐만 아니라, 예수는 또 다른 극단, 즉 인간 운명의 어둡고 고통스럽고 상처 입은 측면, 그 앞에서 우리의 눈과 귀와 마음을 닫아 버리고 싶은 불행과 비참함 또한 포함한다.

칼 라너는 이 '이면'과 수난당하는 그리스도와의 유사성을 암시적으로 묘사한다: "그가 누구인지 고백하려고 하지도 않았고 그럴 준비도 되어 있지 않은 사람을 보여 주는 인간의 모습이 어떻게 좋은 모습일 수 있는가? 그것은 죽어 가는 자의 모습이어야 할 것이다. 우리는 죽기를 원하지 않는다. 하지만 우리는 죽음에 무방비로 노출되어 있기 때문에 죽음이 엄청난 힘으로 삶의 모든 것을 지배한다. 죽어 가는 자는 천상과 지상 사이에 매달려 있어야 한다. 하늘은 너무 멀리 있고 지상도 믿을 만한 고향이 아니기 때문에 우리는 여기서도 저기서도 온전히 집에 있는 것이 아니다. 그는 혼자 있어야 할 것이다. 그래서 최후의 순간이 오면, 다른 이들 또한 감당하지 못해 겁먹고 당황한다는 인상을 받고 우리는 혼자 남겨진다고 느낀다. 이러한 모습 속 인간은 수평선과 수직선에 꽂힌 존재다. 넓게 모든 것을 포괄하기를 원하는 수평선과 수직으로 위를 향해 유일자를 독점하기를 원하는 수직선의 교차점은 인간의 마음 한가운데를 지나며 가슴이 찢어지는 아픔을 맛보게 한다. 그는 못 박힐 것이다. 우리 지상에서의 자유는 불가피한 고통으로 끝나기 때문이다. 그는 꿰뚫린 심장을 지녀야 할 것이다. 최후에는 모든 것이 창으로 바뀌어 우리 심장의 마지막 피를 흐르게 한다."[8]

우리는 국가사회주의의 점호 광장과 공산주의 집단 수용소가 사람들에게서 근대 인본주의의 비전을 앗아 간 시기에 태어났고, 2001년 9월 11일의 테러로 많은 이가 새천년 문턱에서 간신히 품은 낙관적 약속과 '찬란하게 빛나는 아침'에 대한 기대가 잔인하게 학살당한 세기에 살고 있다. 이러한 역사적 경험이 우리에게 "엑체 호모"Ecce homo, 이 장면을 새롭고 깊게 이해할 수 있는 기회를 주지 않을까? 우리에게는 상처 입은 사람, 냉소적인 권력의 법정 앞에 선 피고인이 목가적인 성화 속 미소 띤 '착한 목자'보다 더 가깝고 친숙하지 않은가?

파스칼은 이미 잘 알고 있었다. 인간에게 그의 비참함을 보여 주는 것을 두려워하는 종교는 자아도취적 투사에 빠진 자기기만일 뿐이다: "… **그들의 비참함을 인식하지 못하고, 하느님을 안다고 하는 사람들은 하느님을 찬양한 것이 아니라, 자기 자신을 찬양한 것이다.**"⁹

❦

요한복음서의 부활 사화에서 예수는 자신의 상처를 또다시 보여 준다. 그리고 그때까지 의심하면서 괴로워했던 사도는 외친다. "나의 주님, 나의 하느님!"

부활은 떠남이다. 예수의 상처를 인식하는 것에서 다른 것으로 넘어가는 것, '**엑체 호모!**'('보시오, 이 사람이오!')**에서 '엑체 데우스**'('보시오, 하느님이오!')**로 넘어감이다**. 교회 전통이 형이상학의 언어로 예수의 '두 본성'을 표현한 것을 우리는 **예수의 상처를 읽는 이중의 방식**으로 설명할 수 있다. 이러한 이중적 관점에서 볼 때, 예수의 상처는 '인간'과 '하느님'이라는 두 단어를 입고 두 가지 반응을 불러일으킨다. 이렇게 극단적으로 다르지만 그러나 깊이 연결되어 있는 것을 가리키는 이 두 단어는 동일한 위격을 암시할 수 있다.

빌라도나 토마스 사도는 우리에게 예수의 '본성'에 관한 신학적 성찰을 제시하지 않는다. 그들의 외침은 강한 감정 또는 강한 감정을 동반한 만남의 경험을 표현한다.

토마스 사도의 외침은 일반적으로 부활한 육체를 그의 감각으로 확인한 인간의 경탄과 기쁨으로 이해된다. 그러나 우리는 여기에 또 다른 통찰이 연결되어 있다는 것을 알고 있다. (지혜로운 라삐들이 각각의 성경 구절은 매우 심오해서 율법에 대해 최소한 일흔 가지 다양한 해석이 가능하다고 주장했다. 이는 분명 신약성경에도 적용된다.)[10] '두 번째 회심'인 토마스 사도의 기쁨은 다른 사도들보다 더 분명하게 확인한 '부활한 자와 십자가에 못 박힌 자의 동일성'에 의해 터져 나왔다. 예수의 상처는 그 동일성을 가리킨다.

부활한 자와의 만남에 대한 모든 이야기를 보면, 그가 "죽음의 그늘진 골짜기"를 통과한 후 근본적으로 변화되었다는 것은 분명하다. 엠마오로 가는 제자들도, 그분과 참으로 가까웠던 마리아 막달레나도 처음에는 그분을 알아보지 못했다. 복음서 저자들은 분명히 죽은 자가 일어나는 부활의 신비는 **근본적 변화**라고 강조한다. 그것은 단순히 시신에 생명을 불어넣는 것(의식 회복, 소생)이 아니라 이 세상과 생명으로의 귀환이다.

마리아 막달레나는 그 목소리를 듣고 부활한 분을 알아차렸고, 엠마오로 향하던 제자들은 빵을 나누던 행위에서, 토마스 사도는 그분의 상처를 보고 알아차렸다. 모여 있던 곳의 문을 잠가 놓고 저녁 식사를 하던 제자들에게, 그리고 토마스 사도에게 가장 분명하고 효과적으로 자신의 신원을 증명하기 위해 예수는 자신의 상처, 즉 십자가의 **아남네시스***anamnesis*(회상, 기억)를 보여 주었다. '문이 잠겨 있는데도' 즉, 사도들의 겁먹은 폐쇄성을 넘어 집 안으로 들어온 예수는 '그들에게 당신의 두 손과 옆구리를 보여 주었다'.

토마스 사도는 예수의 상처를 보았을 때, "나를 본 사람은 이미 아버지를 보았습니다"(요한 14,9)라는 예수의 말씀이 성취되는 체험을 할 수 있었다. 그는 **예수에게서 하느님을** 보았다. 그의 열린 상처를 통해 하느님을 보았다.

십자가에 못 박힌 자와 부활한 자의 동일성뿐 아니라 — 많은 쟁점이 된 그리스도의 신성, 참인간, 참하느님으로서의 예수에 대한 칼케돈공의회 교리가 언명한 — **신성과 인성의 신비로운 일치도 예수의 상처**를 통해 이해할 수 있다는 것이 전적으로 가능하다.

❧

이 토마스 사도와의 만남에서 하느님이 자신을 증명했을 뿐 아니라, 하느님이 **말생했다**고 앞에서 말한 비 있다. 하느님은 인간에게 어떤 '실제'로, '사실'로, '물건'처럼 오지 않는다. 인간은 하느님을 임의로 '만지고', '이해하고', '소유할' 수 없다. 우리 시대의 주목할 만한 아일랜드 출신의 철학자 리처드 커니는, 자신의 영감을 담은 책『있을 수 있는 신』*The God Who May Be*에서, "주어진 사실"로서 근본주의적 유신론의 하느님 개념과 "하느님은 존재하지 않는다"는 무신론자의 유사 근본주의적 주장을 넘어서 **제3의 가능성**, 즉 **하느님은 존재할 수 있다** (God may be)고 제안한다. 하느님은 가능성으로서 인간에게(예를 들어 불타는 떨기나무 속에서 모세에게처럼) 말을 걸고, 권고, 요구 또는 과제(예를 들어 "가서 나의 백성을 구하라")로 자신을 제시한다. 이 대화에서 하느님은 발생한다. 인간이 당신의 요구를 받아들이는 곳, 그리고 요구하는 자인 당신을 받아들이는 그곳에서 **자신을 구체화한다.**

하느님이 보통 사회의 주변부 또는 곤경에 처한 인간에게 말을 건다는 것은 주목할 만하다(모세는 장인의 양 떼를 돌보던 도망자였다). 예수는, 그리고 예수 안에 있는 하느님은 그들(앞 장에서 말했듯이 멸시받는 작은 이들, 초대받지 못한 이들, 상처 입은 이들)과 연대할 뿐 아니라, 그들과 자기 자신을 동일시한다: '내 형제인 가장 작은 이들에게 해 준 것이 바로 **나에게 해 준 것이다**'(마태 25,31-45 참조).

"나를 통하지 않고서는 아무도 아버지께로 갈 수 없습니다"(요한 14,6). 예수의 이 말은 그리스도교 근본주의자들과 '배타적 구원론자들'이 특히 좋아한다. 이 말 덕분에 하늘나라 문을 지키는 초대받지 않은 파수꾼들은 예수의 이름으로 처음부터 구원받지 못한 이들을 간단하게 식별하고 그들을 분리해 놓는 쉬뽈렛Schibboleth[11]을 만들었다.

그러나 리처드 커니가 지적했듯이, 놀랍게도 그들은 이 말을 한 예수가 **누구**인지, '나' 예수를 만든 이는 누구인지, 성부와 우리 사이의 유일한 중개자 예수는 누구이며 어디에 있는지를 물어보는 것을 잊어버렸다. 나는 누구인가? 이 물음에 예수는 이렇게 대답한다: "내 형제인 가장 작은 이들에게 해 준 것이 바로 **나에게 해 준 것이다.**" 가장 작은 이들, 주변부에 있는 이들 또한 교회 주변부에 있는 이들, 가난한 사람들, 사회적으로뿐 아니라 모든 곤경에 처한 이들, ― 단순히 육체만이 아니라 ― 상처 입은 이들이 성부께로 곧장 이어진 **확실하**

고 유일하며 상대화할 수 없는 길을 제시한다. 그들과 함께 그리고 그들 안에서 예수 자신이 길이요 진리요 그리고 생명으로 지금 여기에 현존한다.

인간이 **고통받는** 곳에 예수가 있다. 우리 주위 도처에 있는 그들은, 그리고 그들 안에서 예수는 '기회'이며, 성부께 가는 열린 문과 같다. 그런데 예수가 없는 곳이 있는가? 예수가 없다고 확실하게 말할 수 있는 곳이 있다. 스스로를 정의롭고 선지자라 여기는 사람들, 다른 이들을 배척하고 예수의 말씀으로 문 앞에 차단기를 내리는 사람들, 그들은 자신이 들어가는 대신 다른 이들이 들어가지 못하게 부들부들 떨며 문 앞을 지키고 있다. 이런 이들 곁에, 이들 안에 예수는 없다.

"나를 통하지 않고서는 아무도 아버지께로 갈 수 없습니다." 예수의 이 말씀에 대한 해석을 가지고 우리는 예수의 역할을 결코 상대화하지 않을 것이고, 결코 그분의 독점적 권리를 약화시키지도 않을 것이다. 그리고 그리스도를 예측 불가한 군중 속 익명의 대열에 밀어 넣지도 않을 것이다. 반대로, 우리는 그의 **충만함** 안에서 그가 우리에게 가리키고 주었던 모든 것과 함께 그를 따른다. 바로 이 충만함 속에 그의 **유일성**의 신비가 있다. 이는 그의 유일성이 그가 성부와 이루는 유일한 친교의 신비에 있는 것과 같다.

주

1 파스칼에게서 비롯된 이야기다. 교회 당국이 그의 신앙의 정통성을 문제시하여 일정 기간 동안 영성체를 금지했다. 그는 자신의 집에서 가난한 이들과 병든 이들을 돌보기 시작했다. 그럼으로써 '그리스도의 몸'을 다시 받아 모셨다. 나는 이와 비슷한 일이 오늘날 제대를 향해 가는 것을 어떤 수단으로든 방해받고 있는 사람들에게 영감을 줄 수 있는지 자문하곤 한다. 이는 어쩌면 성체를 받아 모시는 우리에게도 마찬가지다.

2 이미 셸링이 이와 비슷한 말을 했다. "악이 존재하지 않으려면, 신 자체가 존재해서는 안 될 것이다"[Schelling, F.W. J. von, *Philosophische Untersuchungen über das Wesen der menschlichen Freiheit und die damit zusammenhängenden Gegenstände* (Stuttgart 1860) VII., 403].

3 534년에 교황 요한 2세는 "고통을 받기에는 적당하지 않은 신성을 지닌 우리 주, 그리스도께서 육신을 취해 고통을 받으신 것은 아닌가"에 대한 물음에 콘스탄티노플을 향해 분명히 답했다. "하느님은 참으로 육신을 취해 고통을 받으셨다"[Denzinger/Hünermann, *Kompendium der Glaubensbekenntnisse und kirchlichen Lehrentscheidungen* (Freiburg i. Br.: Herder 43. Auflage 2010) 401참조].

4 "오 신이여! 사랑하는 이를 알아볼 때 그는 신입니다!"는 에우리피데스Euripides의 비극 「헬레나」에서 인용한 말이다. 케레니이Kerényi는 여기에 덧붙인다. "신적인 사건은 확실히 'Ecce Deus'(신을 보라)와 함께 일어난다! 'Theos!'(신!) – 주격으로 쓰이며, 호격으로는 부르지 않는다. 신 자체는 호칭된 적이 없다. … 신적인 사건이 일어난다: théos는 현세에, 이 세상에서 발생하고, 온전히 이 사건 안에 있다. 우리가 언어의 경계와 여러 속박을 지운다면 우리는 이렇게 말할 수 있다. '신이 발생한다'" Wandelfels, H., *Kontextuelle Fundamentaltheologie* (Paderborn: Schöningh 3. Auflage 2000) 105 참조.

5 "… 근본적으로 오직 한 명의 그리스도인이 있다. 그리고 그는 십자가에서 죽었다"[Nietzsche, F., *Antichrist*, Nr. 39 (KGA VI, 3, 209)]; 예수는 "하느님과 인간 사이의 간극을 부정했고, 그의 '기쁜 소식'으로서 하느님과 인간의 일치를 살아냈다"[Nietzsche, F., *Antichrist*, Nr. 41 (KGA, VI, 3, 213)]; 영원한 삶은 "사랑 안의 삶, 거부하거나 배척하지 않는 간극 없는 사랑 안의 삶이다"[Nietzsche, F., *Antichrist*, Nr. 29 (KGA, VI, 3, 198)].

6 Nietzsche, F., *Also sprach Zarathustra*, II. 'Das Grablied'(KGW VI 1, 141) 참조.

7 희생자 예수에 대한 사려 깊은 주석은 르네 지라르의 책에서 볼 수 있다[Girard R., *Der Sündenbock* (Zürich 1988)].

8 Rahner, K., *Rechenschaft des Glaubens. Karl Rahner-Lesebuch*, hrsg. von K., Lehmann (Zürich: Benzinger/Freiburg: Herder 1979) 203.

9 Pascal, B., *Gedanken*, Fragment XXXII.

10 중세 유다교 미드라시(BemR)는 소위 '토라의 일흔 가지 얼굴'(šivim panim šel ha-Tora)에 대해 말하고 있다.

11 길앗 사람 입타가 에프라임 사람을 식별할 때 사용한 단어(판관 12,6 참조)로 특정 집단에 속한 구성원임을 알려 주는 일종의 암호를 뜻한다 – 역자 주.

3

마음의 신비

클레르보의 베르나르도 성인은 "몸의 상처를 통해 마음의 신비를 연다"(Patet arcanum cordis per foramina corporis)라고 썼다.[1] 나는 여러 가지 이유로 이 **신비**(arcanum)에 대해 쓸 용기를 내기까지 오래 걸렸음을 고백한다. 이것은 '위대한 신비'며, 실제로 '**두렵고도 매혹적인 신비**' (mysterium tremendum et fascinans)다. 사람을 홀리는 매력적인 신비인 동시에 마음을 뒤흔드는 놀라움과 공포를 야기하는 신비다.

이 신비에 이르는 두 길이 있다. 고대 동방의 대중 신심이라는 넓은 길과 신학자와 철학자 그리고 신비주의자, 또는 철학자이자 신비주의자인 동시에 신학자인 이들의 가파른 오솔길이다. 이 두 길 모두 물론 커다란 위험도 안고 있다.

예수의 오상五傷, 예수성심, 성모칠고七苦, 십자가의 일곱 말씀, 베로니카의 수건, 토리노의 수의, 십자가의 길 각 처, 묵주기도 고통의 신비에 대한 깊은 경배, 이 모든 것은 부활 사건의 핵심으로 이끌 수 있다. 그러나 이것들은 피상적인 것에만 매달리게 할 수도 있다. 예수가 십자가를 지고 가는 길에서 비통해하는 여인들이 흘린 피상적인 눈물["예루살렘의 딸들이여, 나 때문에 울지 말고 여러분과 여러분의 자식들 때문에 우시오"(루카 23,28)], 더 심하게는 피학적 – 가학적 환상이라는 중독성 강한 수렁에 빠지는 것이다. 이 경배하는 행위 중 어떤 것이 폭력에 저항하고 그리스도교 세계에서 폭력의 희생자들과 더욱 연대하는 역할을 하는가? 그리스도인 무리는 수난 사화를 듣고는 가슴을 치며 후회하는 대신 유다인의 게토를 습격하기 위해 곧장 갈라지지 않았는가? 수세기 동안 부활절을 지내고도 수많은 그리스도인은 수동적이고, 더 심하게는 요한 바오로 2세가 '우리 시대의 골고타'라고 표현한 인류 역사상 가장 끔찍했던 유다인 대학살 시대에 머물러 있지는 않은가?

철학자들과 신학자들의 오솔길은 어떻게 뻗어 있는가? 나는 미신적인 사람이 아니지만, 이 주제와 이와 관련한 삶의 운명의 이상한 우연을 생각할 때 약간 오싹해진다. 최근에 나는 십자가의 신비와 '하느님의 사람들'의 죽음에 침잠해 있었다. 먼저 니체다. 불나방처럼 '신의 죽음'이라는 한없이 깊은 신비 주위를 맴돌다 결국 광기의 불꽃으로 타들어 갔다. 개신교 신학자 디트리히 본회퍼와 예수회 알프레트 델프 신부는 그리스도의 십자가를 응시하며, 신앙의 관점에서 본 비극과 형이상학적 하느님상像에 머무르지 않는 신앙에 몰두했다. 그들은 그들의 사상이 완성되기 전에 형장에서 죽임을 당했다. 철학자이자 유다인 가정에서 태어났으나 가르멜회 수녀가 된 에디트 슈타인

(수도명은 십자가의 성 데레사 베네딕다)은 『십자가의 학문』을 완성할 수 없었다. 그녀는 '우리 시대의 골고타'를 오르던 중 아우슈비츠 가스실에서 죽었다. 체코의 철학자 얀 파토츠카는 그리스도교는 '미완성 프로젝트'며 우리의 긴급한 물음에 옹색한 답만 줄 뿐이라고 확신했다. 또한 체코슬로바키아의 지하 신학교에서, 신학자들은 "나의 하느님, 어찌하여 나를 버리셨습니까?"라는 문장을 아직 완전히 이해하지 못했다고 피력했다. 하지만 그는 이런 생각들을 더 기록할 수 없었고 끝맺지 못했다. 말년에 그는 학문적 은둔 생활을 접고 정치적 · 도덕적 전장에 나섰으나 소크라테스와 같은 나이에 체코슬로바키아 비밀경찰의 반복된 심문으로 사망했다. "그는 국가가 믿는 신을 믿지 않고, 젊은이들을 망쳐 놓았다"고 비난받았다. 소크라테스처럼 그는 그들의 악마성의 희생자가 된 것이다. 물론 이런 인물을 더 열거할 수 있다.

이러한 사상들이 온전히 발언되는 것이 막히는 것처럼, 그런 사상들이 단지 암시만 되는 것처럼, 더 이상 글이나 대학의 강당에서가 아니라 인간의 운명에 십자가의 그림자가 드리워지는 그곳에서 이런 사상이 관철된다는 생각이 들었다: 이 사상가들은 예수 그리스도 수난의 가장 어두운 심연을 숙고해야 했던 순간에, **자신들의 고통을 통해 그리스도 수난의 부족한 것을 채웠다**(콜로 1,24 참조). 또한 이 사상가들 중 많은 이가 자신의 숙고에 그들 삶을 바꿀, '무관심하지 않을'(이 또한 신앙이 표현되는 방식이다)[2] 자극과 힘 그리고 희생자가 될 용기, 진정으로 '십자가를 질' 용기를 더했을 것이다.

대중 신심의 표현 형태로 돌아가서, 우선 거기에서 시작해 보자!

성주간 마지막 날, 성토요일에 수세기에 걸쳐 '신의 죽음'에 대한 니체의 고찰에 대해 읽어 본 적 없는 수많은 사람이 주저 없이 '신의 무덤'으로 갔다. 제2차 바티칸공의회 이후 전례 개혁의 소심한 정화주의가 '신의 무덤'을 없애지 않았기에 오늘날에도 그들은 '신성한 상처'에 경배드리기 위해 그곳으로 간다.

이 지점에서 우리는 신학사와 신학 사상에서 두 번째 일탈을 감행해야 한다. 정통 신앙에서 '신의 무덤' 또는 '신의 죽음'이라는 표현은 그리스도인들이 신학적 전통의 보화 중 중요한 요소인 '속성의 교환'(communicatio idiomatum)에 관한 가르침을 받아들이는 데 도움을 줄수 있다. 그리스도 안의 신성과 인성의 일치와 '삼위의 상호 내재성'(perichoresis) 안에서 위격의 상호 연결을 강조하기 위해, 우리는 확실하고 명확히 정의된 의미에서 하느님 – 아버지에 속하는 속성을 아들에게 적용할 수 있고 그 반대도 가능하다.[3] 그러므로 그가 '그의 신성이 아니라 인성'에 따라 죽었다 할지라도 — 우리는 동시에 이 사실도 기억해야 한다 —, 우리는 바로 그 죽은 이가 신인 '동시에' 인간이었으며, 우리가 그렇게 표현하고 싶다면 '신은 죽었다'라고 말할 수 있다.

이러한 성찰이 다소 경직되어 보일 수도 있지만 '속성의 교환'이라는 원칙은 실제로 그리스도교 신앙의 위대한 역설을 설명하는 해석학적 열쇠다. 무엇보다 이 원칙은 신학, 전례, 강론, 그리스도교 예술에서 아름다운 시어詩語 사용을 가능하게 한다. 이 원칙이 없었다면 무엇보다 마이스터 에크하르트 같은 독일 신비주의자의 시적 언어도 없었을 것이고, 그들의 유산과 급진적 추종자들도 없었을 것이다. 숨어 계신 하느님은 오로지 **반대 형상**(sub contrario)으로 나타난다는 **십자가 신학**을 주장한 마르틴 루터도 없었을 것이다. 다채로운 감각과 영적 황홀경, 하늘의 푸른색과 지옥문의 주황색 불꽃이 서로를 끊임없이 침투하는 빛과 그림자의 승부가 없었다면 바로크 예술의 매혹적인 역동성이 남아 있을까? 파스칼이나 키르케고르 같은 위대한 그리스도교 사상가들은 어떤 언어로 **역설의 종교**에 대해 말할 수 있었을까? 그레엄 그린의 소설들에서 죄와 은총의 역설에 대해 무엇이 남아 있을까? 결코 신학적으로 생각하는 것을 가르쳐 본 적 없으며 신학에서 중도적으로 정돈된 '학문'을 만들기를 원하는 학파가 이를 이용하면, 바오로와 루터의 **십자가 신학**의 현대적 유산이라 할 '신 죽음 신학'에서는 단지 부조리와 신성모독의 혼합만 남게 될 것이다.

❧

이제 성토요일에 '거룩한 상처' 또는 하느님의 상처에 경배하기 위해 '하느님의 무덤'(체코에서는 거룩한 무덤 또는 그리스도의 무덤으로 표현된다)으로 갔던 사람들을 따라가 보자. 도대체 그리스도의 상처들이란 무엇인가? 상처 입은 육체를 뚫고 그의 가장 깊은 신비인 '아르카눔' arcanum(하느님의 비밀)을 드러내는 심장의 상처는 무엇인가? 근원적인 고통, 십자가의 무게와 어둠에는 무엇이 있는가?

그 상처는 경건한 마음을 만족시키는 육체적 고통이나 육체적 죽음 자체가 아니다. 그것은 어떤 다른 것, 더욱 깊은 것이며, 훨씬 참혹한 것이다. 그리스도의 상처를 만진다는 것은 그의 육체적 고통을 증명하는 손과 발을 만지는 것일 뿐 아니라 가슴을 찌르는 '옆구리의 상처'를 만지는 것이다. 이 '옆구리의 상처'를 만진다는 것은 하느님에게 철저하게 버림받은 사람의 외침이 증명하는 어둠을 만지는 것이다. **심장의 상처**는 십자가에 달린 예수의 외침이다. 복음서 저자 중 한 사람만이 전할 용기를 냈던 그 말씀이다. "나의 하느님, 나의 하느님, 어찌하여 나를 버리셨습니까?"(마르 15,34).⁴

이 외침에서 우리는 사도신경이 말하는 예수가 '저승에 가신' 순간의 어둠을 깨닫는다. '속성의 교환'이 설교 언어로 허가되었음에도, 중간에 신성모독으로 떨어질 수 있는 좁은 오솔길에 발을 들여놓는 것을 두려워하지 않는 사람이라면 이렇게 말하고 싶을 것이다: 그 순간에 그의 믿음이 십자가에 못 박히고, 꿰뚫렸으며 아버지와의 일치가 이루어졌다. 그 순간에 하느님을 위해 하느님 안에서 '하느님은 죽었다'. 예수는 인간적 죽음뿐 아니라 **하느님의 죽음** 또한 받아들였다.

한 세기 이상 서양을 사로잡은 "신이 죽었다"는 문장이 '그리스도교적 의미'를 지니고 있다면, 어떤 신학의 장소(locus theologicus)에 있다면, 그것은 성금요일의 신비 안에, 십자가에 달린 이의 외침에 의해 열린 심연에 있다.

예수는 하느님과의 관계가 끊어지는 고통을 겪었다고 교회 전승은 가르친다. 예수에게 하느님은 너무 멀리 있고 침묵하며, 결코 존재하지 않으며 심지어 **죽은** 것처럼 보인다. 그러한 하느님에게서 버림받고 소외되는 것은 죄의 결과나 죄에 대한 벌이 아니라 죄 자체의 신비로운 본질이며 칠흑같이 어두운 죄의 심장이다.

우리는 모든 교리서에서 이 심각한 죄, 즉 '대죄'가 우리 안에 있는 '신적 생명을 죽인다'고 읽었다. 그리고 이제 이전에는 한 번도 없었던 하느님과 죄가 만난다. 이 순간에 극단적인 두 대립이 서로 스며들고 섞인다: 바오로 사도는 십자가에 달린 이에 대해 "하느님께서는 우리를 위하여 그리스도를 죄로 만드셨다"(참조: 2코린 5,21; 갈라 3,13; 로마 8,3)라고 말했다. 마르틴 루터는 이를 극적으로 상술한다: 하느님이 그에게 명령했다. 유일하게 의로운 그가 가장 큰 죄인이 되어야 한다. 그는 세상의 모든 죄 안으로 떨어져야 한다. 그는 아담 안에서 위범자가 되고, 카인 안에서 살인자가 되고, 다윗 안에서 간음자가 되고, 베드로 안에서 겁쟁이가 되고, 유다 안에서 배반자가 되어야 한다. 받아들여지지 않은 것은 구원받을 수 없다!

바오로 사도가 깊이 이해했듯이, 희생양이 된다는 것, 세상의 모든 죄를 받아들인다는 것은 죄인들과의 극단적인 연대, 가능한 최극단, 즉 죄를 범하는 것이 아니라 **죄가 되는 것**이다. 이것이 십자가의 신비다. 역설적으로 나자렛 사람의 마음이자 동시에 하느님의 마음이기도 한, 인간의 마음 안에서 죄가 하느님과 충돌한다. 이 마음에 대해 교회는 바오로의 용어에 따른 예수성심 호칭기도에서 "천주성(신성)이 충만하신 예수성심"이라고 노래한다. 이 순간은 선과 악의 아주 오래된 싸움의 순간이다. 숨 막힐 듯한 죽음의 순간이다. 그 순간 시간이 영원을 뚫어 버리고, 악, 죄, 폭력, 어둠 그리고 죽음이 거의 승리를 획득한 것처럼 보인다. '하느님처럼' 되어 하느님을 불필요하게 만들려는 아담의 시도와 하느님을 떨쳐 버리려는 이러한 시도를 확실히 하려는 우리의 모든 죄가 하느님 암살에 성공했고 성공하는 것처럼 보이는 순간이다.

체스터턴은 그리스도를 '무신론자를 위한 하느님'으로 소개한다. 무신론자들이 하나의 종교를 선택해야만 한다면, 그들은 그리스도교를 선택해야 할 것이다. **그리스도교에는 하느님이 무신론자처럼 보이는 순간이 있기 때문이다.**[5]

❧

하느님이 당신 존재를 스스로 드러내고는 모든 피조물과 모든 **죽을 운명의 인간**이 관통해야 하는 **무無** 인으로 숨었듯이, 하느님 아들의 심장의 상처를 통해서만 인식할 수 있는 감춰진 신비인 '아르카눔' arcanum은 완전한 '하느님의 자기 헌신'이 아닐까? 하느님이 당신 아들의 고통 속에서 우리의 허무성과 유한성에 이르기까지 우리와 연대한다는 것을 보여 주는 순간, 하느님이 당신 아들 앞에서 얼굴과 존재 자체를 완전히 감춤으로써 이 순간에 당신 아들은 아버지를 **철저하게 부재하는** '죽은' 하느님으로 경험하는 순간, 바로 하느님이 숨어 있는 이 순간이야말로 성부가 성자와 영원의 대화를 하는 순간, 창조주가 세계와 인간과 대화를 시작하는 중요한 순간이 아닐까?

예수 또한 철저한 어둠의 순간을 **통과한다**는 것은 동시에 아들의 해방하고 구원하는 행위가 아닐까? 아들은 '십자가에 못 박힌 믿음'을 **발언**하는 순간에, 죽어 가며 외치는 순간에 이 참담한 경험을 의심과 체념의 언어가 아니라 쓰라린 **질문**의 형태로 표현한 것은 아닐까?

그의 믿음은 '십자가에 못 박혔고', '하느님의 죽음'보다 더욱 암울한 말은 없기에, 그가 하느님에게서 무한히 격리되는 경험에 꿰찔렸다면 유일한 사실은 예수가 극한의 경험을 "**어찌하여** 나를 버리셨습니까?"라는 물음으로 표현했다는 것뿐이다. 그는 질문하기를 포기하지 않았다. 그는 최후의 순간에 인간의 관점에서 어떤 대답도, 어떤 부활의 징후도 기대할 수 없을 때마저 하느님과 대화를 멈추지 않았다. 복음서에 따르면, 태양이 자신의 얼굴을 숨기고 있어도 태양은 이미 부활절 아침놀을 품고 있었다. 복음사가 요한은 십자가 수난을 승리로, '드높여진' 그리스도의 굴욕으로 묘사한다. 그리고 요한은 왜 버렸느냐는 쓰라린 질문 대신에 이미 가까이 온 승리의 아침의 자유와 화해의 소식을 듣는다. "다 이루어졌다!"

예수는 하느님에게 완전히 버림받았다고 느끼는 순간에 **그럼에도 불구하고** 그 어둠 속에서 큰 소리로 **물었다**. 십자가의 순간, 우리가 이렇게 표현해도 된다면, 그의 믿음이 못 박힌 순간은, 일반적인 종교와 차별되는 진정한 그리스도교 신앙의 본질적 특성을 드러낸다. 예수를 따르는 이들의 참신앙의 특성은 '그럼에도 불구하고'와 '그럼에도 또한'이다. 상처 입고 꿰찔렸으나 그럼에도 불구하고 **끊임없이 묻고** 구하고, 십자가에 못 박히고 부활하는 신앙이다.

주

1 Migne, J.-P.(Hg.), *S. Bernhardi abbatis primi Clarae-Vallensis opera omnia 2* (Patrologiae cursus completus, Series latina 183) (Paris Migne 1966) 1072.

2 '무관심하지 않음'(la nonindifférance)은 에마뉘엘 레비나스의 개념이다. '무관심하지 않음'에 대한 것으로서의 신앙에 대해, 또는 "무관심하지 않음에 대한 교육"으로서의 종교교육에 대해서는 Svobodová, Z., Nelhostejnost - Crty k (ne) náboženské výchově (Praha: Malvern 2005)를 참조하라.

3 루터는 이렇게 썼다. "이 사람(예수)은 별을 만들었다. 하느님이 구유에서 울고 있다. 어머니의 품에서 젖을 빠는 사람(예수)은 창조주이며 천사들의 주인이다. 모든 것을 창조한 사람이 구유에 누워 있다." [Messen, F., *Unveränderlichkeit und Menschwerdung Gottes. Eine theologiegeschichtlich-systemathische Untersuchung* (Freiburg i. Br.: Herder 1989) 48의 인용문]

4 이 말씀이 결국에 '희망적'으로 끝난 시편 22장을 인용한 것임을 우리가 지적한다고 해도 이 말씀의 중요성을 결코 약화시킬 수 없다.

5 Chesterton, G.K., *Orthodoxie* (Praha: Nakladatelství Akademie véd České republiky 2000) 121.

4

성전 휘장이 찢어지다

복음서에 따르면 예수가 숨을 거두는 순간 성전 휘장이 찢어졌으며 (참조: 마태 27,51; 히브 10,19-20), 어둠과 텅 빈 예루살렘 성전 지성소의 실체가 드러났다. 성토요일에 열려 있는 빈 감실은 바로 서로 깊이 연결된 이 두 상징, 즉 열린 성전의 지성소와 로마 군사의 창에 찔려 열린 예수의 심장을 기억하기 위해서다.

또한 예수의 심장은 이제 텅 비었고, 고통받는 하느님의 종은 "자신을 비웠다"(필리 2,7 참조). 요한복음서는 예수의 심장에서 피와 물이 흘러나왔다고 전하며, 교부들은 여기에서 세례성사와 성체성사의 기원을 읽었다.[1] 지성소의 비어 있음과 같이 예수의 열림과 비워짐은 비움과 채움의 신비로운 상호 침투를 표현한다. 이 신비는 지난 이천 년 동안 서방뿐 아니라 동방의 영적 여정을 사로잡았다.

심장이 관통되고 성전 휘장이 찢어지는 것은 ― 히브리서는 휘장인 예수의 육체에 대해 말한다(히브 10,20 참조) — 하느님과 인간 사이 그리고 인간과 인간 사이의 불화의 장벽이 허물어지는 것을 의미한다. 이제 '지성소에서 난 새롭고 살아 있는 길'에서 십자가에 못 박힌 두 팔이 가리키는 그곳으로 출발한 모든 이가 국가, 민족, 언어의 경계를 넘어 **함께** 공동의 아버지를 향해 나아갈 수 있다. **그는 우리의 평화**(에페 2,14), 우리의 화해다. 바오로는 지치지 않고 이렇게 반복한다. 더 이상 '우리' 그리고 '너희'는 없다! 크로아티아의 개신교 신학자 미로슬라브 볼프는 십자가에서 열린 이 공간에 대해 이렇게 썼다. "골고타 – 십자가의 가장 심오한 본질에서 그리스도의 뜻을 깨닫는다. 그가 원수로 남아 있는 상황을 누구도 허락하지 않는 것, 원수가 들어올 수 있는 공간을 자신 안에 스스로 여는 것이다. 우리가 십자가를 인간과 함께하신 하느님 행위의 오랜 역사의 정점으로 본다면, 하느님에 대한 인류의 명백한 적개심에도 불구하고 인류는 그분께 속한다고 말할 수 있다. … 십자가에서 하느님은 인류를 포기하지 않기 위해 당신 자신을 포기했다. 인간의 적개심의 힘을 비폭력으로 깨고 자신의 고유한 존재에 인간적 본질을 받아들이기를 바라신 하느님이 내린 결론이다. 십자가에 못 박힌 이의 팔은 열려 있고 그 자체가 하느님 존재 안의 공간을 상징한다. 그리고 원수에게 그 공간으로 들어오라고 초대하신다."[2]

성전 휘장이 두 갈래로 찢어졌다는 것은 '옛 계약'이 성취되고 종결되었으며 예수의 십자가 피로 맺은 **새롭고 영원한 계약**으로 대체되었다는 것으로 받아들여졌다. 선택된 백성과 맺은 주 하느님의 원

계약은 하느님 심장이 새롭게 열림으로써 극복된다. 이제 계약은 모든 민족에게 확대되고 모든 인류에게 유효하다.[3] 예수는 성전뿐 아니라 대사제 그리고 성전의 희생 제물로서의 사명을 다했다. 예수 자신이 유일하고 최종적인 대사제며, 이제 하느님과 인간 사이의 유일하고 독점적인 중개자다. 예수 자신이 실재하며 살아 있는 성전이다. 예수 자신이 희생 제물이 되어 지금까지의 희생 제사를 완성하고 대체하고 폐기한다.[4] 어린 양과 송아지의 피가 아니라, 그리스도 그의 피로 우리에게 열린 '새롭고 살아 있는 길'을 통해 성전 휘장이 찢어짐으로써, 다시 말해 그의 몸을 바침으로써 우리는 이제 간극 없이 하느님께 나아갈 수 있다(히브 7-10장, 특히 10,18-22 참조). 첫 세대 그리스도인들이 이렇게 이해했고, 우리도 신약성경의 서간들, 특히 히브리서의 신학에서 이러한 이해를 발견한다.

밤하늘의 별들과 별자리들이 성전 휘장을 수놓았고, 휘장은 우주의 상징이었다.[5] 찢어진 성전 휘장과 꿰뚫린 예수의 심장에는 또 다른 의미, 즉 구원하는 희생 제물 예수의 우주적 차원이 더해진다. 독일 후기 형이상학 황금기의 철학자들, 셸링과 특히 헤겔은 자연과 인류의 전체 역사를 아우르는 절대정신의 역사에 대한 십자가의 의미와 '하느님의 죽음'의 의미에 대해 기술했다. 이미 수세기 전부터 성무일도의 부활절 찬미가는 별들을 정화하는 성혈을 노래했다.

부활성야 전례를 시작하면서 사제는 부활초를 축성하고, 거기에 **그리스도의 거룩하고 변모된 오상五傷을 상징**하는 금박을 씌운 향덩이 다섯 개를 꽂으며 이렇게 말한다. "주 그리스도님, 거룩하시고 영광스러우신 상처로 저희를 지켜 주시고 보살펴 주소서. 아멘." 또한 부활초에 송곳으로 그리스어 알파벳의 첫 글자 알파A와 마지막 글자 오메가Ω를 새기면서 우주의 시간과 공간을 포괄하는 부활하신 분의 위대함을 기억한다: **"그리스도께서는 어제도 오늘도 시작이며 마침이시고, 알파이며 오메가이시고, 시간도 시대도 주님의 것이오니 영광과 권능이 영원토록 주님께 있나이다."**

❦

수세기 동안 그리스도인들은 찢어진 성전 휘장의 신비가 신앙의 오랜 형제자매인 유다인들을 어떻게 다치게 했는지 깊게 생각하지 않았다. 휘장의 찢어짐은 유다교가 무효가 된다는 것을 의미하지 않는가? 그리고 이러한 생각에서 그리스도교로 개종하지 않는 유다교인으로서 유다인은 **더 이상 존재해서는 안 된다**는 결론을 내릴 수 있지 않은가? 전투적이고 반유다교적이고 반그리스도교적인 국가사회주의라는 새로운 이교가 실제로 이러한 '구원'을 실현하려고 시도했을 때, 즉 역사에서 유다인과 유다교를 없애 버리려고 했을 때, (다행히 많은 이들이 이러한 생각에 대해 끝끝내 동의하거나 말하지 않았지만) 많은 그리스도인들은 수동적이고 방관적인 자세로 한 발짝 물러서지 않았던가? 또한 빌라도의 법정에서 유다인 고발자들의 말, 즉 "그 사람의 피에 대한 책임은 우리와 우리 자손들이 질 것이오"(마태 27,25)라는 말이, 거의 이천 년 전 로마에 의해 예루살렘 성전이 파괴된 것처럼 홀로코스트에서 실현되는 것을 본 그리스도인들은 여기 없는가?

오늘날, 특히 체코에서 가톨릭 신자들은 사방에서 사람들이 오늘날의 교회가 실제로 저질렀거나 계몽주의와 마르크스주의 역사가들이 날조하거나 부풀린 중세 교회의 죄를 비난하는 것을 듣고, 또 우리 주변 사람들이 그것을 불합리하게 여기지 않는다는 것에 놀란다. 또한 오늘날 그리스도인들이 정말로 하지 않은 것 — 우리 중 많은 이가 중세 시대에 아마도 이단심문관이나 사형집행인보다는 이단심문의 희생자가 되었을지도 모른다 — 을 우리에게 전가하는 것에 경악한다. 그러나 우리는 불과 몇 세대 전만 해도 역사를 무시한 '집단적 죄'라는 터무니없는 전제를 유다인들에게 덮어씌웠고 그것을 많은 그리스도인이 정상으로 받아들였다는 것을 기억해야 한다. 이른바 이천년 전 최고의회의 심판에 대한 책임을 유다 민족 전체에게, 예수 시대는 물론이고 오늘날에는 더욱 전가할 수 없다는 것을 교황청의 문서로 명확하게 선언하기 위해 국가사회주의의 홀로코스트가 정말로 출현했어야 했는가?

가톨릭의 '아우슈비츠 이후의 신학'의 대표적 인물 가운데 한 사람인 요한 밥티스트 메츠는 자신의 저작에서 승리하여 머리를 치켜든 여인을 교회로 나타내고 그 옆에 두 눈을 가리고 낙담하는 여인을 회당으로 표현한 작품들을 떠올린다. 메츠는 밤베르크 주교좌성당 정문에 있는 조각상을 떠올린 듯하다. 그러나 교회와 회당이 두 여인, 특히 회당이 두 눈을 가리고 있는 여인으로 묘사된 것은 단지 밤베르크 주교좌성당에서만 볼 수 있는 것은 아니다. 고딕 양식에서 이런 모 티브는 대성당 정문 조각상에 많이 사용되었고 선호되었다. 이는 그 리스도를 받아들이지 않았던 유다인들의 마음에 덮여 있는 너울을 암시한다(2코린 3,14-15 참조). 메츠는 이렇게 묻는다. **가려진 두 눈은 도 대체 무엇을 보았던 것일까?**[6]

2세기에 초대교회가 이단자 마르키온에 맞서 히브리어 성경을 교회 공동체의 성경에서 떼어 놓을 수 없다고 여겨 존중하기로 확정 했다면, 아브라함부터 오늘에 이르기까지 그리스도인이 일으켰거나 방관한 상처까지 포함하여 **유다인의 기억**도 우리 기억의 거룩한 부분 이어야 한다는 것을 알아야 한다. 우리가 사도신경에서 '성인의 통공' (communio sanctorum)을 믿는다고 고백한다면, 이 믿음에서 '하느님의 첫사랑'인 이스라엘을 제외시키거나 무시해서는 안 된다. 그렇다, 메 츠에 따르면, 십자가에 달린 예수의 외침이 '희생자들과의 연대'를 요 구하는 것이라면 가슴에 십자가를 단 사람뿐 아니라 다윗의 별을 단 사람들도 포함해야 한다.

메츠는 이스라엘을 표현하는 '절규의 풍경'이라는 말을 떠올린 다.[7] 민족에게 위로를 주고 고통을 '설명하는' 신화(이웃 국가들의 신화에 서 충분히 찾을 수 있다)를 제시하는 대신, 시편 저자와 예언자들은 고통받 는 자들의 목소리가 하느님 앞에 울려 퍼지게 하고, 최종적이고 종말 론적인 정의의 심판에 이르기까지, 경우에 따라서는 ─ 실제로는 동 일한 것인데 ─ 메시아 도래 때까지 울부짖게 한다. 메츠는 부활에 관 한 그리스도교의 메시지를 하느님이 고통의 외침 속에서 당신 아들의 청을 들어주었고, '승자들의' 역사에서 목소리가 박탈되었던 이들의 탄원을 받아들였다는 약속으로 파악한다. 따라서 메츠는 부활을 선포할 때 부활한 자의 외침을 주의 깊게 들으라고 그리스도인들에게 간청한다. 그렇지 않으면 복음 선포는 단지 '승자의 신화'를 반복하는 것일 수 있다. 그리고 그것은 그리스도교의 십자가 신학이 아니다.

❧

'하느님의 무덤'에 대한 묵상에서 이스라엘에 대한 성찰까지 이르렀으므로, '유다인의 기억'과 유다교 신학에서 그리스도교의 성토요일과 이어지는 '하느님의 침묵'과 하느님의 부재라는 모티브를 찾을 수 있는지 묻게 된다.

내가 처음으로 서벽에, 그러니까 로마인들이 70년에 무너뜨린 예루살렘 성전 '통곡의 벽'에 처음 섰을 때, 이 유일무이한 '기념물'이 성토요일의 '하느님 무덤'과 어떻게 비슷한지, 심지어 이것이 종교적 은유와 상징의 본질을 '부정신학'의 정신으로 어떻게 드러내는지 알게 되었다. 이 장소는 소위 **여기에 없는 것을 가리킴으로써** 신성해졌다. 여기서는 존재자의 고통스러운 부재뿐 아니라 부재자의 위로와 비밀로 가득 찬 존재를 경험하는 것이 가능하다.

'숨어 계신 하느님'은 유다교 사상, 특히 유다교 신비주의 **카발라**의 아주 오래된 주제다. 하느님이 숨어 계시다는 표현을 하느님의 '자기 축소'라는 카발라 사상과도 비교할 수 있을 것이다.[8] 하느님은 모든 곳에 존재한다. 그래서 하느님은 세상과 인간 창조 때에 자신의 내면에 세상을 위한 어떤 공간을 만드셔야 했다. 숨어 계심의 또 다른 모티브로서 유배 중에 자신을 숨긴 채 하느님 영광의 임재(Shekhina)가 안내했다는 견해를 예로 들 수 있다. 이 신적 유배는 유다 역사의 가혹한 순간들과 결합되어 있다. 하느님의 영광은 이집트 노예 생활 중에 유다인들과 함께 고통받았고 광야 생활 중에도 그들과 함께 아파한다. 또 바빌론으로 추방된 유다인들과 동행했고, 그들의 고향 상실과 민족 해체의 아픔을 같이했다. 덧붙여 카발라는 중세 시대 유다인들의 어둠의 시간에 가장 크게 발전했다. 즉, 스페인에서의 추방과 연관되어 있다. 팔레스티나의 도시 제파트의 유다교 학자들은 카발라의 가르침에서 이러한 사건들에 대한 답을 찾았다.

'아우슈비츠 이후 유다 신학', 즉 하느님의 불간섭과 '하느님의 침묵'과 하느님의 부재에 대한 섬뜩한 경험 이후 신학이 이 오래된 모티브들 부활시켰다. 한스 요나스[9]에 따르면 하느님은 당신의 속성 중 하나인 전능을 포기했다. 아우슈비츠에서 결코 기도하기를 멈추지 않았거나 욥처럼 그분을 심판대로 불러냈던 사람들 사이에서 하느님은 현존한다. 그래서 오늘날 세상에서 하느님은 오로지 기도를 통해, 신앙을 고백한 자들의 희망과 믿음을 통해, 그분 말씀에 대한 응답을 통해서만 현존한다. 하지만 이 말씀은 우선 사람들이 듣는 자가 될 때 받아들일 수 있다.

엘리 위젤은 그의 소설과 자전적 글에서 지속적으로 아우슈비츠에서 겪은 경험을 종교적 의미로 되돌리고 있다. (그의 글은 늘 **이해할**

수 없다는 고백으로 끝난다.) 그의 언어는 겟세마니에서 고통스럽게 기도하는 예수, 십자가에 달린 예수의 외침, 하느님의 침묵, 성토요일의 침묵 그리고 부활절에 대한 이러한 모티브를 드러내고 상징하는 모든 것에 대해 묵상하는 그리스도인에게 친숙하고 또 영감을 줄 수 있을 것이다. 위젤은 이렇게 말한다: "아우슈비츠 이후에 나는 하느님에 **대해** 말할 수 있다고 생각하지 않는다. 우리는 오직, 카프카가 말했듯이, 하느님**에게** 말을 걸 수 있을 뿐이다." "하느님에게 **맞설** 때도 나는 항상 그분에게 말하고 있다. 그리고 하느님에게 화가 날 때도 그분께 내 분노를 보이려고 한다. 바로 거기에 하느님 부정이 아니라 하느님을 향한 고백이 있다."[10] 한 평론가는 이렇게 설명한다. "하느님과 싸우는 것은 그분을 인정한다는 최고의 표현이다. 하느님을 진지하게 받아들인다는 뜻이다. … 하느님에게 무관심한 것은 하느님을 모욕하는 것을 의미한다. 사람들은 하느님이 전혀 중요한 역할을 하지 않았던 것처럼 행동한다. **기도가 되는 부르짖음**을 입증하는 의미 있는 사건은 충분히 많다. 이 세상에 명백한 악이 존재하는 한 도덕적 이유로 인한 외침은 있을 수밖에 없다. … 인류의 이름으로 피조물을 보호하기 위해서, 심지어 하느님을 위해서도 하느님과 싸우는 것은 정당화된다."[11]

성전 휘장이 둘로 갈라졌어도, 성전이 불타서 무너졌어도, 하느님이 침묵해도 인간은 헌신적으로 순종하든 의문과 분노를 품든 하느님에 대해 무관심하지 않다.

성경에서 말하는 하느님은 당신의 활동, 창조 행위와 특히 아들의 육화에서 자신을 드러낸다. 그럼에도 불구하고, 위대한 신학자들이 강조하듯이, 하느님이 '자기 자신 안에' 존재한다는 것과 '어떻게 하느님이 존재하는가'는 우리에게 파악하기 힘든 신비로 남는다. 하느님의 숨어 있음은 그리스도교 **부정신학**에서도 강조한 바다.

이러한 전통에서 마이스터 에크하르트는 "존재하는 하느님은 존재하지 않는다"라고 썼다. 이 의미는 이렇다: 하느님은 세계의 다른 존재들 가운데 '한 존재'가 **아니다**. 구체적인 존재들의 세계에서 하느님은 오히려 '무'無다. 그리고 당신, 인간도 '무'가 되어야 한다. (당신을 이 세상에서 **무**에 고정시키고, **무**와 온전히 동일시하며, '가난', 다시 말해 **내적 자유**에 머무른다.) 이 '무', 즉 가난과 자유 안에서만 당신은 '하느님과 같을' 수 있다.

여러 부분에서 부정신학과 연결된 마르틴 루터는 하느님은 완전히 숨어 계시며 도달 불가능하다는 사상과 성 바오로의 가르침을 극단으로 밀고 간 자신의 '십자가 신학'을 결합했다. 하느님은 **모순된**(sub contrario) 형상으로 당신을 드러내시고, 역설 안에 숨어 계신다. 하느님의 숨어 있는 본성을 찾으려는 노력은 철학자들과 (거짓된) '훌륭한 신학자들'의 헛수고다. 하느님의 능력, 신성, 선은 무로 이끈다. 사람들은 이성, 철학, 또한 그것들의 공로, 선한 의지, 그로 인한 행동 같은 것을 믿어서는 안 된다. 그것은 하느님을 향한 여정에서 악마의 도깨

비불일 뿐이다. 참된 그리스도교 신학자는 **십자가의 신학자**뿐이다. 그는 십자가에 못 박힌 분의 나약함, 굴욕과 무능 안에 숨어 계신 하느님의 능력을 통하는 것 말고 그분을 인식하는 다른 길이 없다는 것을 알고 있다. 그 상처의 흉측함에 숨어 있는 하느님의 아름다움을 통해, 우리를 위해 죄를 입은 그를 통해 드러난 하느님의 의로움을 통해 하느님 인식의 길로 나아간다. 하느님의 부드럽고 자비로운 사랑은 부활이라는 잔혹한 드라마에 숨어 계신 하느님을 통과해야만 이를 수 있다. 하느님과의 만남은 "대부분 거기에서 일어난다. 그러한 방식으로, 그러한 사람을 통해서, 그것이 가능하지 않다고 생각되는 그 자리를 통해 이루어진다. … 하느님은 우리 곁에, 우리 안에, 낯선 모습으로 계시기 때문이다. 빛나는 영광 속에서가 아니라 비천함과 연약함 안에 계신다. 사람들은 그분이 그렇게 존재하지 않는다고 생각하고 싶겠지만 이것이 진실이다."[12] 신플라톤주의와 스콜라학파가 하느님에 대해 **영원의 관점에서**(sub specie aeternitatis) 말하는 것을, 우리는 루터에 따라 인간적 관점에서 출발하는 역사의 관점에서(sub specie temporis) 하느님을 바라보는 시선으로 대체해야 한다. 우리는 "그분의 위엄과 본성 안에 있는 하느님을" 버려야 한다. 그러한 하느님과 우리는 아무런 관계가 없기 때문이다. 우리에게는 그리스도를 통해, 그의 십자가를 통해 나타난 **인간적인 하느님**(Deus humanus)만이 주어졌기 때문이다. 바로 이 '인간적인 하느님'은 우리의 경건한 표상과 우리 이성이 바라는 모습과 정반대다.

　　루터의 숨어 계신 하느님은 소름 끼치는 얼굴을 하고서 "가장 처참하고 가장 끔찍한 역사, 모든 무의미한 역사는 물론이고 일어난 모든 역사의 배후"에 서 있다. 그분은 스스로 "악마의 가면"을 쓸 수도, "완전한 부재로 사라질 수도 있다. … 이러한 숨어 계신 하느님(Deus absconditus)에 맞서 인간은 계시하는 하느님(Deus revelatus)에게서 도피처를 찾아야 한다. 하느님에게서 도망쳐 하느님에게 가야 한다 …."[13]

그렇게 숨어 계시며 놀라움을 주는 하느님을 발견하는 것, 십자가에 못 박히고 버림받은 사람이 다시 살아났다는 터무니없고 어리석은 말을 이성만으로는 긍정하기 어렵다. 용기와 신앙의 은총이 그렇게 할 수 있다. 인간은 순수한 '하느님 자체', **발가벗은 하느님**(Deus nudus)에게 가닿지 못한다. 신적 본질을 추상적으로 이해하려는 형이상학자의 노력은, 그 노력이 사탄의 아가리로 곧장 이끌지 않는다면, 인간의 왜소함과 발가벗음(homo nudus)을 드러낼 뿐이다. **우리에게 하느님은 인간적인 하느님**이다.

마찬가지로 그리스도의 '본성'을 추론하는 것도 의미가 없다. **우리에게** 그리스도의 존재, 그분이 우리에게 부어 주는 **그리스도의 은총**(beneficia Christi)만이 의미가 있다. 정의의 망토로 우리를 의롭다 했듯이 하느님은 그리스도 피의 망토로 우리의 죄성과 발가벗음을 감싼다. 모든 그리스도인은 이제 **죽음의 죽음**(mors mortis)인, 죽음을 이긴 그리스도의 승리로 인해 **의인인 동시에 죄인**(simul iustus et peccator)이다. 루터는 자신의 신론과 구원론에서 이 역설의 의미를 결코 한순간도 버리지 않았다.

신약성경의 가장 심오하고도 근원적인 작품인 '바오로의 복음'을 통찰력 있게 이해하고 근본까지 철저하게 파고들어 사고한 사람은 역설의 사상가 루터, 파스칼, 키르케고르 말고는 없을 것이다.

십자가는 신성을 빛으로 꾸미고 구원을 준다는 모든 우상과 권력에 대한 심판이다. 이런 것들은 신앙의 빛을 비추면 한밤의 환영과 그림자처럼 사멸한다. 나에게는 모든 의심, 모든 '종교 비판', 비판적 무신론자들의 완벽한 진리, 인간의 발명품으로서의 '종교'에 대한 진리, 우리의 소망과 두려움의 투영을 받아들일 여유가 있다. 루터 사상을 잇는 칼 바르트가 그랬듯이 말이다. 예수와 그분의 십자가를 통해 우리에게 말을 걸고 구원하는 하느님 말씀에 열려 있는 **신앙**은, 칼 바르트에 따르면, 어리석고, 단순하고, 신을 모독하는 자신이 만든 신학적 구조의 사다리를 타고, 경건한 환상 또는 타인의 지시 또는 도덕적 성취와 공로의 사다리를 타고 신에게로 올라가기를 원하는 **종교**와는 정반대다.

가톨릭 신학은 아마 이 격정적인 프로테스탄트의 **오직**(sola) — **오직** 믿음으로, **오직** 은총으로, **오직** 성경으로, **오직** 십자가로 — 에 대한 열정을 완전히 공유할 수는 없을 것이다. 가톨릭의 원리는 "… **뿐만 아니라 … 도**"이다. 성경뿐만 아니라 전통에도, 은총뿐만 아니라 양심과 의지의 자유에도, 십자가뿐만 아니라 창조에도 하느님은 당신을 우리에게 드러낸다. 그러나 그리스도교 신학이 진정으로 가톨릭적(보편적/전체를 아우르는/모든 것을 포괄하는)이고자 한다면, 그리스도교 신학이 명백한 모순('… 뿐만 아니라 … 도')의 양립 원칙을 참으로 올바르게 판별하고자 한다면 이 격정적인 어조에 겁먹거나 귀를 막아서는 안 된다.

신학은 그들의 심부深部와 진심에 더욱 귀 기울여야 한다. 루터를 그가 성장했던 그리스도교 전통 전체와 따로 떼어, 다시 말하자면 바오로뿐 아니라 아우구스티누스 그리고 무엇보다 독일 신비주의에서 단절시켜 바라본다면 그는 정말 흥미롭지만 편협한 인물일 것이다. 그러나 루터를 광범위한 맥락에서 받아들인다면 그는 위대한 신학자일 뿐 아니라 매혹적인 설교가요 시인이며 초기 바로크 시대 스페인의 신비가들과 가까운 십자가의 신비주의자다.[14]

❧

1960년대 '신 죽음 이후의 신학'은 어떤 의미에서 무엇보다 루터의 십자가 신학의 극단화였다. 정확히 말해서 바오로부터 테르툴리아누스를 거쳐 파스칼과 키르케고르에 이르기까지 나타났던 '십자가 역설'이라는 주제를 극단화시켰다. 니트리히 폰 힐네브란트가 주목한 바와 같이, 니체는 또한 어떤 의미에서 '급진적인 프로테스탄트 설교가'였다. 우리는 '신은 죽었다'는 그의 말을 루터의 '십자가 신학'과 아울러 에크하르트와 독일 신비주의의 '부정신학'의 영향으로 읽을 수 있다. '신 죽음 이후의 신학'은 적당하지 않은 시기에 태어난 아기로 볼 수도 있다. 이 신학은 니체가 그리스도교에 던진 도전장에 제때에 응하기에는 늦게 왔고, 비교秘教(Esoterik)와 결합된 뻔뻔하고 값싼 신앙심 과잉과 급진적 세속주의가 한데 섞인 우리 시대의 도전들에 맞서기 위해서는 너무 일찍 왔다.[15]

이제 유럽에 있는 우리는 그분의 심연에서 다시 성토요일의 신비를 접촉해 보자. '심연에서' 본질에 대한 잔혹한 투쟁(죽음과 삶의 결투: mors et vita duello)이 펼쳐지고 있는 동안, 표면 즉, '공공장소'에서는 정치적 올바름의 심판관이 하느님에 대해 절대 침묵할 것(magnum silentium est in terra)을 명령한다.

'신은 죽었다'는 문장은 많은 작가에게 청년 루터와 몇몇 신비주의자들이 표현한 도달할 수 없는 하느님 그리고 십자가의 그리스도 안에 숨어 계신 하느님이라는 사상의 극단적 변형으로 보일 뿐이다. 그러나 여기서 더 나아간 사람들도 있다. 미국의 신학자 토머스 알타이저에 따르면, 하느님은 인간존재를 받아들였고 인류와 연대하고 본격적으로 당신과 동일시했으며 그리스도의 십자가에서 죽기까지 '자신을 버렸다'. 그리고 지금 여기 인간의 모습으로, 인간의 역사 안에 현존한다.

'신 죽음 이후의 신학'의 많은 주창자들은, 다시 분명히 루터를 따라, '예수는 하느님이다'라는 옛 어구를 '하느님은 예수다'로 바꿀 것을 제안한다. 하느님은 예수 안에서 그리고 예수가 그렇게 살았듯 '다른 이를 위한 인간'으로 우리와 함께 있다. 예수의 비유에서 읽는 것처럼, '하느님이 떠나셨을 때' 여기에는 당신의 '대리자', 즉 당신의 일을 하고, **당신의 역할을 수행하고**, 당신의 일을 인수한 아들을 두셨다. 대리인은 하느님을 이해하지 못하는 이들을 위로하고, 하느님에 굶주린 사람을 배불린다고 도로테 죌레는 기술한다. 그리고 이 대리인은 '진리의 증인'으로서 다시 우리를 자신의 대리인으로 부른다.

논쟁적인 희곡 롤프 호흐후트의『대리인』을 기억해 보자. 주인공인 예수회원은, 제2차 세계대전 때 국가사회주의의 박해에 대한 당시 교황('그리스도의 대리인')의 침묵에 저항하여 스스로 다윗의 별을 달았고 공식적인 '그리스도의 대리인'의 '대리인'으로서 강제수용소로 갔다. 이를 통해 스스로 진정한 '그리스도의 대리인'이 되었다.[16]

'신은 죽었다', '신은 죽고 없다'는 문장에 대한 해석은 신에 대한 지금까지의 이야기가, 신이라는 단어 자체가 모든 의미를 상실했다는 각자의 경험을 표현하는 것이라고 주장한다. 어쩌면 우리는 신을 다시 발견할 수 있다. 그러나 그리스도를 바라볼 때만 가능하다. 신에 관한 옛이야기는 이해할 수 없고 믿을 수 없게 되었다. 우리는 하느님을 이야기하면서 세상을 만들어 나가지 않았고, 양심을 충분히 깨워 폭력, 거짓, 위선에 맞서 행동하지도 않았다. 그 대신에 고뇌하고 흔들어 깨워야 하는 곳에서 우리는 이 이야기로 위로받고 편하게 잠들어 버렸다. 너무 자주 우리의 말은 강퍅한 소금 맛을 잃어버렸고 무의미한 말이 되어 버렸다. 그리하여 우리 문화에서, 동시대의 언어에서 하느님의 이름을 지우고, 믿지 못할 것으로 만들어 버림으로써 '신은 죽었고', '우리가 신을 죽였다'. 우리는 자신의 권력 이익을 위해 정치적 선전 연설에 광고 기법의 하나로 슬며시 밀어 넣어 전쟁의 깃발에 그 이름을 새겼다. 억지로 꾸민 '증거'의 팸플릿에서, 경건한 척하는 질편한 이야기의 술통에서 진부한 감상적 표현으로 신을 모독했다.

잊혔고, 상처 입었고, 이제는 소심하게 의식에서 떨쳐 버린 하느님에 대한 이야기가 다시 의미를 얻을 수 있는 유일한 자리는 예수의 역사다. 온 세상이 '신의 죽음'이라는 그림자 아래 있다 하더라도, 거기에는 살아 있는 하느님을 경험할 수 있는 장소가 하나 있다: 그리스도 안, 나자렛 예수 안이다. 우리가 하느님에 대해 '알았고' 그분에 대해 말했던 모든 것은 죽을 수 있고, 죽어야 한다. 우리는 그리스도 안에서 그분이 우리에게 말하는 것 외에는 하느님을 알지 못한다. 우리는 그리스도를 통하여, 그리스도와 함께, 그리스도 안에서 하느님을 안다. 예수가 오래전 이 세상에서 거니셨기 때문에 이 세상은 의미가 있다. 본회퍼는 바오로와 루터를 떠올린다. 바오로는 글자 그대로 '모든 것이 나에게는 쓰레기, 오물처럼 보인다'라고 했으며, 십자가에 처형된 그 분 외에는 아무것도 모르기로 작정했다(참조: 필리 3,8; 1코린 2,2).

신 죽음 이후의 극단적 신학자들은 예수의 인성에 너무 집중한 나머지 모든 신성, 하느님 아버지, 그리스도의 신성을 '죽게' 했다. 그렇게 그들은 신성을 '인성에 대한 암호'[17]로 축소시킴으로써 문제를 해결했다. 그러나 나는 그들에게 비판적 물음을 멈출 수 없다. 그렇게 이해된 예수는 결국 우상숭배의 대상이 되지 않는다면, 관념적이 되거나 죽게 되지 않을까? 복음서의 예수, 그리스도교 전통의 예수 그리스도 대신 단순히 믿음 깊고 경건한 '인류의 모범'에 그치지 않을까? 그렇다면 왜 예수가 '지상에서 유일한 하느님의 대리자'이어야 하는가? 성부에게서 분리되고 그의 신성이 결정적으로 발가벗겨졌을 때, 예수에게는 독보적이고 탁월한 역사적 개인만이 남지 않을까?

인본주의자들의 견해와는 달리, 그리스도교 신앙은 예수 그리스도를 유일한 인격으로가 아니라 유일한 **위격**, 즉 '성자의 위격'으로 고백한다. 토마스 아퀴나스와 다른 많은 삼위일체론에 따르면, 위격은 무엇보다 **관계**다. 예수는 관계 안에서 그리고 관계를 통하여 그의 깊은 본성으로 살아 있으며, 그는 성부에 대한 관계**이고**, 동시에 우리와의 관계 그리고 우리에 대한 관계**이다**. 이 내용은 '두 본성론'과 함께 칼케돈공의회 교의에서 분명하게 표현되었다. 우리가 예수를 역사가의 눈 ― 그러면 예수에 대해 할 말이 많지 않다 ― 이 아니라 신학적 관점에서 본다면, 삼위일체의 맥락, 즉 성부에 대한 관계 안에서, 성령에 대한 관계 안에서, **그 관계 안에서** 또한 우리 안에 현존하는 예수를 이해하게 될 것이다. 예수는 분명히 하느님에 의해 인간적 파멸의 심연에 발을 들여놓았고, 이를 통해 "그분은 하느님의 죽음을 경험했다". 그럼에도 예수는 '고아'로 남지 않았다. 그리고 우리도 **고아로 버려두지 않았다**(요한 14,18 참조). 바로 이것이 부활에 관한 기쁜 소식의 참진리다.

무신론은 결국 성전 휘장이 찢어져 노출된 '텅 빈 지성소'를 반영하는 건 아닐까? 무신론은 십자가에 달린 예수의 철저하게 버림받은 경험을 '신 죽음 이후의 신학자들'의 작품보다 훨씬 잘 반영하는 건 아닐까? 이와 비슷한 정신으로 나는 나의 저작들에서 종종 신비주의자들, 특히 리지외의 데레사를 참고하여 성금요일의 순간에 신비적으로 참여하는 '고통의 무신론'을 말하려고 노력했다.

우선 분명히 해 두어야 할 것이 있다. 내가 여기서 말하는 무신론
은 **사고 체계로서의 무신론** 그리고 특정한 지적 위상으로서의 무신론
을 의미한다. 나는 우리 종교적 믿음을 솔직하게 공유하지 않는 **사람
들**에 대해서는 말하지 않는다. 그런 사람들과 그들이 그러는 이유는
예전에도 있었고 지금도 있고 앞으로도 많을 것이다. 나는 그들에 대
해 어떤 일괄적이고 일반적인 판단을 내리지는 않을 것이다. 무신론
의 유형에 대해 말할 때 나는 이를 막스 베버가 의미하는 '이상적 유
형'으로 이해한다. 즉, 구체적 현실에서는 '백 퍼센트' 상응하지 않는
특정한 사고 유형의 무신론이다. 신앙인 각자에게 자신만의 신앙 방
식이 있듯이, 무신론자에게도 자기 식의 무신론이 있다. 일률적일 수
있는 문자적 설명 이면에는, 그가 사고하며 감정이 있는 존재이며 받
아들인 문구를 단순히 반복하지 않는 한, 저마다 나름의 무한히 다양
한 생각, 관념, 상상, 지식, 체험, 경험이 숨어 있으며 우리는 그것들을
다 들여다보지 못한다. (그리고 일반적으로 자기 자신조차도 한 번도
완전히 들여다보지 못한다.)

무신론자들의 관념, 감정과 주장은 그리스도인들이 두려워해야
할 만큼은 아니다. '신 죽음 이후의 신학'과 '십자가 신학'의 몇몇 주제
는 무신론(또는 종교 비판)의 특정 유형을 신학의 유익한 동맹으로 만드
는 것을 가능하게 한다. 무신론적 비판의 불꽃은 신학이 밭을 갈고, 하
느님에 대한 원시적이고 때로는 정말 파괴적인 표상을 불태우고, 우
상을 넘어뜨리는 중요한 준비 작업을 다지는 데 도움을 준다. 명확히
다른 의미이긴 하지만, 중세 신학이 형이상학을 신학의 '시녀'(ancilla)

로 여겼던 것처럼, 좀 뭉뚱그려서 우리는 무신론적 비판이 '당대 신학의 시녀'가 된다고 말할 수도 있다.

불로서의 무신론은 '좋은 시녀, 그러나 나쁜 주인'일 수 있다. 예를 들어, 포스트모더니즘 철학자 페터 슬로터다이크는 무신론과 유물론이 종교, 신학 그리고 형이상학의 비판자였던 동안에는 흥미로웠다고 말한다. 그러나 무신론과 유물론이 종교, 신학, 형이상학에서 벗어나 자체적으로 유사 형이상학 시스템(예를 들어, 사회주의국가에서 마르크스 – 레닌주의 국가 강령 중 '과학 분야'로서의 '과학적 무신론')을 발전시켰을 때 위험하게 되었다.

하느님에 대한 관념이 대상으로서, 존재자 가운데 있는 존재로서, 사람들이 '존재하는지' '존재하지 않는지' 논쟁할 수 있는 창조된 본질과 같은 종류의 '본질'로서 계속 남아 있다면, 신학자는 그러한 관념들을 없애 버린 무신론을 환영해야 한다. **하느님은 그렇게 실재하지 않기 때문이다.** 누군가 하느님을 실재의 이년 어딘가에 있는 '초자연적 존재'로 묘사한다면, 우리는 그러한 관념을 조용히 무신론적 비판의 화로에 던져 넣을 수 있다.

우리가 믿는 하느님은 '실재의 뒤편'이 아니라 실재의 심연이며 실재의 신비다. 하느님은 '실재의 실재'다. 우리가 하느님에 대해 '위격'이라는 은유를 사용한다면, 우리가 그분에게서 어떤 창조된 본질을 보려는 것이 아니라, 오히려 이를 통해 두 가지 사안을 표현하고자 하기 때문이다. 첫째, **하느님은 대화를 나눌 수 있고 말을 걸어오는 분**이라는 것이다. (하느님은 기도 안에서 대화를 나눌 수 있고 삶과 실재의 전부를 통해 말씀하신다.) 둘째, 하느님은 **당신의 가장 심오한 본질로** 관계를 맺으신다. 우리는 삼위일체로 살아 계신 하느님을 믿는다. 다시 말해, 하느님은 성자와 관계 맺은 아버지이고, 하느님은 성자와 성령을 통해 본질적으로 우리 인간과 관계를 맺는다. 그리스도교는 이러한 관계를 맺지 않는 하느님 그리고 인간과의 관계 저편에 계신 하느님은 하느님이 아니라고 주장한다. 또한 인간은 관계를 맺지 않는 인간, 하느님과의 관계 저편에 있는 인간은 온전한 인간이 아니라고 말한다. (그리고 인간이 이러한 관계를 인식하고 있지 않더라도, '하느님을 믿지 않더라도', 그리스도가 하느님을 부른 것처럼 하느님을 부르지 않더라도, 인간은 하느님과 관계 맺고 있다.) 하느님은 모든 '무신론자'와의 역사도 물론 갖고 있다.

무신론이 진정으로 모순이 없는 무신론이고자 한다면, 인간을 그의 본질적인 관계 바닥까지 실재의 깊은 곳까지 벗겨 버리고 싶다면, 또한 인간 고유의 삶을 실재와 신비로 이끌고 싶다면, 즉 무신론이 인간에게서 인간을 근본적으로 초월하는 것('하느님'이라는 말로 표현되는 신앙)을 벗겨 내려 한다면, 무신론은 '죽은', 완전히 추상적인, 비현실적인 인간을 얻게 될 것이다. 초월적인 것과의 관계를 완전히 없애 버린 인간은 (다행히) 사실상(de facto) **존재하지 않는다.** 이는 실재, 세계 그리고 역사의 무대 '뒤편에 있는 하느님'과 동일한 생각이다.

'하느님을 제쳐 놓는' 모순 없는 무신론은 사실 **인간을 잃게 될 것**이다.[18]

1990년대 중반 바티칸 교황청이 비신자대화평의회를 불필요하다며 해체했을 때, 나는 이를 뭔가 조급하고 적절치 않은 승리의 몸짓으로 여겼다. 분명 국가 무신론주의 노선에 있던 동유럽 국가들의 예기치 않은 급속한 체제 몰락으로 인해 그러한 결정을 내렸을 것이다. 당대의 신학자들이 이해하는 바에 따라, 나는 오늘날 고전적 무신론이 그 기반과 동력을 잃었다는 것을 더욱 분명하게 받아들이고 있다. 현대 신학자들은 사람들이 더 이상 고전적 형이상학의 사고 모형으로 움직이지 않으며, 많은 이들이 종교의 특정 형태에 대한 무신론자들의 정당한 비판을 진지하게 받아들이고 있다고 이해한다. 오히려 그리스도교 영성은 신앙의 위기와 '어둔 밤'이 그 자리를 차지한 **하나의 길**로 신앙을 이해한다. 또한 나는 무신론 연구를 통해 더 역동적이고 다양한 관점의 충돌이 예상되는 비그리스도교 종교들과의 내화와 현대의 철학적 사고와의 대화로 나아갔다. 계몽주의 무신론은 공적 생활에 거대한 영향을 미치는 급진적 세속주의가 물려받았다. 그러나 이 세속주의는 오히려 정치적·심리학적 문제다. 신학적이고 철학적인 비판을 위한 이 자유주의의 변종은 사상적으로 어떤 흥미로운 것도 제공하지 않는다. 마찬가지로 창조주의자들과 과학적 신다윈주의자들이 벌이는 최근의 논쟁은 들리지 않는 이와 보이지 않는 이들의 끝이 나지 않는 희비극적인 실랑이로 보인다. 그리고 양쪽 모두 **철학적으로 사유하는 것**을 배우려 하지 않았다는 것이 유감이다. 나는 성경 근본주의자들을 안타깝게 생각한다. 그들은 성경 본문에 대한 피상적이고 '문자적인' 해석에 집착한다. 그래서 그들에게 성경 본문의 참된 깊이와 그 의미의 풍요로움은 숨어 있다. 반면에 창조와 창조주를 믿기 싫어하는 이들이 **믿어야 하는** 것들을 종합해 보면, 그들이 얼마나 고민하면서 모험적인 방식으로 우연과 자연의 선택에 신적 특성과 섭리의 속성을 부여해야 하는지 보면, 내게는 차라리 '창조의 가설'이 훨씬 더 합리적이고 논리적이고 자연스럽다.

엿새 만에 자신의 일을 마친 근본주의적 창조론자들의 피상적인 하느님뿐 아니라 창조 사화의 깊은 의미에 대한 호기심 어린 질문에 너무 빨리 대답을 마친 신격화된 맹목적 우연의 일치 또한 둘 다 나에게는 대단히 매력 없는 신앙과 경배의 대상을 제시한다. 진화생물학과 비판적이고 과학적인 이성은 **스스로에게 비판적이고 그 한계를 성찰할 수 있다면**, 이미 오래전 불행한 논쟁을 극복한 후 왜 다시 **존재의 궁극적 신비**에 대한 종교적 경배에 대해 반박하려고 하는지 이해하지 못하겠다. 오늘날 신학적 해석학은 지적인 해석 형식으로 각각의 신비에 대해 말하고 결국에는 신비 자체를 없애고 무가치하게 만드는 '증거'를 얻으려고 애쓰지 않기 때문에 더 이해하기가 힘들다.

나는 고통의 무신론(내가 고통을 기꺼이 받아들일지라도 세상의 모든 고통 때문에 나는 믿을 수 없다), 하느님과 함께하는 저항과 투쟁의 무신론(욥에서 니체에 이르기까지), '수줍음의 무신론(또는 불가지론)'(삶의 궁극적 신비를 어떤 방식으로든 이름 붙이기를 주저하기 때문에 종교의 언어를 거부하는 무신론)을 존중한다. 그리고 이 무신론들을 단지 '시녀'로서뿐 아니라, 신앙과 신학의 파트너로 받아들일 수 있다. 무신론의 흥미로운 변종들은 신앙의 특정 유형과 긴장 관계에 있을 때는 흥미로웠다. 무신론은 흥미로울 뿐 아니라 유용했고, **종교의 특정 유형에 대한 반대자**로서 그 비판적 형태는 심지어 필요하기까지 했다. 무신론은 모든 의심스러운 종교 유형(예를 들면 정치권력과 연계된 종교)이 그 중요도가 컸을 때는 필요했고, 단지 그럴 때만 필요하다. 그러나 무신론이 허물고 파괴할 능력 외에 **자발적으로** 가치 있는 것을 만들 수 있을까?

무신론은, 적어도 계몽된 서구 세계에서는 상대방의 피곤함으로 고독해지고 그래서 점점 더 야만적이 된다. 그런 무신론은 그 어떤 새로운 반대자를 생각해 내거나 ― 이런 점에서 무신론은 그의 쌍둥이, 종교적 근본주의와 닮았다 ― 아니면 점차 스스로 유사종교로 변모한다. 그리고 종종 놀랍게도 무신론이 집요하게 싸웠던 종교들의 결함 혹은 때로는 범죄를 그대로 따라 한다. 자코뱅주의와 볼셰비즘의 경우가 이와 냉백하게 똑같다. 오늘날 곳곳에서 서구 사회의 급진적 탈그리스도교화를 진전시키기 위한 열정적 주창자들의 노력들이 어떻게 계속 발전할 수 있을지 의문이 제기된다.

오늘날 영국이나 미국의 도시에서 정치적 올바름의 심판관들이 무슬림과 다른 소수 종교인들에게 불쾌감을 줄 수 있다는 위선적 염려로 성탄절 구유 설치 금지를 명한다면, 다행히 어쨌든 무슬림 상인들은 그들의 매장 쇼윈도에 구유 설치를 허락할 수 있을 것이다. 코란은 동정 마리아의 예수 잉태에 대해 최고의 존경을 표하기 때문에 실제로 예수 경배는 조금도 그들에게 상처를 주지 않는다. 반대로 외적으로는 비굴하고 내적으로는 공격적인 우리의 정신적 자기 거세가 많은 무슬림들에게 모멸감을 느끼게 한다.

　십자가와 그리스도교 신앙의 여러 상징이 이미 오래전부터 자유를 위협하는 힘의 상징이 아니며 더 이상 존재할 수도 없다면, 탈그리스도교 사회가 십자가와 그리스도교 상징들에게 갖는 두려움은 어디에서 오는가? 극단적인 세속적 근본주의의 광신은 놀랍게도 생명력을 유지하고 있고, 그리스도교 근본주의자들은 그것에 정당성을 부여한다. 그들은 이러한 노력 뒤에서 비밀 집단(프리메이슨, 특히 '카리스마를 지닌 인물들'의 저작에서 나타나는 최근의 뉴에이지 운동) 활동에서 어두운 음모를 보고 싶어 한다. 나는 그들의 이러한 노력이 항상 존재하는 음모설에 대한 편집증적 논리로 나타난다는 것보다 실제로 훨씬 더 뿌리 깊다는 것이 염려된다. 즉, 성토요일에 교회가 묵상하는 어둠의 왕국을 통과하는 십자가에 못 박힌 자의 해방하는 능력이 인간 마음 심연에 아직 가닿지 않았다는 것이다.

　칼 융은 서서히 다가오는 국가사회주의에 직면하여 유럽 대부분이 실제적이고 깊게 그리스도교화되지 않았었다고 말했다. 특정 거대 집단에게는 세례수가 표면에 살짝 몇 방울 흘러내렸던 것 같다. 그렇지 않고는 '집단적 무의식'의 심연에서 어떻게 그렇게 빠르고 간단하게 과거의 야만의 폭풍이 솟구쳐 올랐는지 설명할 수 없다. 이 시기 이후 유럽에서 어떤 실제적인 변화가 있었는가? 우리는 요한 바로오 2세의 '유럽의 새 복음화'에 대한 요청을 실제로는 아주 다르게 이해했던 것은 아닌가? '유럽의 새 복음화'는 적대자들에 의해 새로운 레

콩키스타의 낭만적 꿈이라고 조롱당하고, 일부 추종자들에 의해 부흥 운동 형식의 열렬한 종교적 선동의 요구로 전락해 버렸다. 정말로 더 **새로운**, 어쩌면 더 고요하고 천천히, 그러나 무엇보다 **더 깊이** 우리 문화의 심장 한가운데, 그 '어두운 구석'까지도 복음의 치유하는 능력을 심어 넣으라는 요청으로 이해해야 하지 않을까?

나는 이전 책들에서 '지속적으로 이어지고 발전하는 창조 사업'(creatio continua)뿐 아니라, '계속되는 부활'(resurrectio continua)도 언급해야 하는지 고민했다. 즉, 하느님의 관점에서 이미 승리했고 분명하게 완성되었지만, 우리 인간의 역사적 관점에서, 역사와 인간 마음의 심연에서 끊임없이 계속되고 있는 행위로서 부활에 대해 언급해야 했다. 그리스도의 승리를 세상 구석구석에 전하는 것이 우리의 사명이라면, 길거리에서 소리쳐 선교하는 대신 이 소식을 빛이 비치지 않는 우리 인간 본성과 문화의 이상하리만치 폐쇄된 구석에 끈기 있게 전하려고 노력해야 하는 것이 아닐까?

어쩌면 우리는 지금까지 '종교', 즉 권위, 공동체의 사안으로서, 전승된 자산으로서, 문화의 자명한 한 틀로서 그리스도교가 우리 문화에서 사라진 시대에 우리에게 주어진 놀라운 기회를 의식하지 못했는지도 모른다. 수세기 동안, 그리스도교가 유럽 사회에서 그렇게 한 틀로서 존재하던 때에 문화적으로나 사회적으로 좋은 것을 많이 행했지만, 그럼에도 수백만의 그리스도인은 그리스도교 신앙에서 본질적인 것, 즉 회심(metanoia)의 경험을 빼앗겼다. 회심은 불신앙에서 신앙으로 넘어감 또는 한 종파에서 다른 종파로의 넘어감을 의미하는 것이 아니라 나자렛 예수가 예언자의 발자취를 따라 끊임없이 요구했던 **삶의 변화**를 의미한다.

아우구스티누스, 아시시의 프란치스코, 로욜라의 이냐시오, 아빌라의 데레사처럼 회심을 경험한 성인들의 생애에서 발견되는 것이 있다: 대부분 자신도 예상하지 못한 놀라운 회심이었으며, 그들은 이 회심을 ─ 그들이 받은 종교교육과 '그리스도교 사회' 한가운데에서 일어나긴 했지만 ─ 정말로 경험했고, 그러한 경험은 교회가 복되고 거룩하다고 말하는 사람에게만 주어진 것이 아님이 분명하다는 사실이다. 그럼에도 불구하고 역사를 세심하게 관찰해 보면, **그리스도교 종교**를 성실하고 솔직하게 고백하는 수많은 이들과 종교의 안식과 확립된 규칙과 전례 그리고 관습을 실제 삶에 적용하는 이들에게 개인적으로 받아들인 거룩한 부름에 대한 자유롭고 개인적인 응답으로서 **신앙이 탄생**했을 때 그들이 조금도 혼란에 빠지지 않았다고 확신할 수 없다.

아마도 여기에 채워야 할 결핍이, '세상의 세이렌'에 의해 너무 빨리 점령당한 사막이 있다. 아마도 그 깊은 곳에는 짓무른 상처가 있을 것이다. 그 상처는 우리가 그리스도교의 개선주의 정신으로 선교의 팡파르와 북('우리가 너희에게 우리가 소유한 진리를 준다. 너희가 동참하면 구원받을 것이다')을 통해서가 아니라 그리스도의 요청에 따른 근본적인 **삶의 변화**로서의 회심을 만났을 때 우리 자신 안에서 발견하는 그리스도 상처의 힘을 통해 치유할 수 있다.

그리스도인들은 '우리 종교'(좋았던 옛 시절의 종교)에 교묘하게 침투하려고 하는 가면 쓴 어둠의 세력을 집요하게 찾기보다는 복음의 '침투력'으로 우리 문화와 사회에서 언젠가부터 변질된 그리스도교를 깨뜨리기 위해 노력해야 한다.

얀 파토츠카는 말년에 자신의 마지막 저서에서 그리스도교 신앙을 **개방성**, '신성과 인성의 심원함을 향한 자기 개방'으로 특징지었다. 그는 이렇게 썼다. "인간의 근원이 영혼의 이 심원한 깊이에 있는 한, 그리스도교는, **비록 여전히 마지막을 생각하지 않지만**, 언젠가 멸망에 맞서 싸울 수 있게 인간을 가장 위대하고 탁월하게 고양시켰다."[19] 우리가 간신히 스친 그 신비의 주변 어딘가에서 계속해서 '마지막을 생각한다'는 의미에서 그리스도교의 길이 열리지 않을까?

주

1 아담의 열린 옆구리에서 하와가 나왔던 것처럼, 그리스도의 옆구리에서 '영원한 여인', 교회가 나왔다. 십자가 아래에 서 있으며 일부 작품에서는 '성배', 즉 심장 에서 흘러나오는 피를 받아 담는 성작으로 표현되는 마리아는 교회의 상징으로 여겨진다. 교회는 어머니이자 연인이다. 교회는 인간의 영혼 안에서 그리고 민족 의 정신 안에서 복음 선포와 성사를 통해 계속해서 '그리스도'를 '낳는다'.

2 Volf, M., *Exclusion and Embrace. A Theological Exploration of Identity, Otherness, and Reconciliation* (Nashville: Abingdon 1996).

3 유다인 신학자 샬롬 벤-코린Schalom Ben-Chorin은 (오직 유다인에게만 한정하 는) 계약의 배타성은 유배 이전의 유다교를 특징짓는다고 주장한다. 바빌론 유배 시절과 디아스포라 – 유다교 시절을 지나면서 이미 구원의 보편성에 대한 사유가 나타났으며, 디아스포라 – 유다인인 바오로가 이 사상을 이으면서 급진적으로 발 전했다[Schalom Ben-Chorin, *Paulus. Der Völkerapostel in jüdischer Sicht* (München: List 1970) 170-179 참조]. 또 다른 저자들은 유다교에서 '구원 보편주의' (Universalismus)는 처음부터 있었다고 한다. 이집트에서 나올 때 '에레브 – 라브' erev-rav, 즉 많은 비유다 민족이 그들에게 합류했다. 그래서 초막절에 다른 민족을 위한 희생 제물을 바친다. 또 요나는 이방 민족 선원의 회개를 촉구한다.

4 희생 메커니즘의 성취, 인식, 극복, 종결로서의 그리스도교는 르네 지라르의 중요 한 주제다[Girard, R., *Der Sündenbock* (Zürich: Benzinger 1988)]. 실제로 유다교에서 희생 제물 봉헌은 70년 예루살렘 성전이 무너지면서 끝났다. 권위 있는 라삐들은 희생의 상징을 '피의 희생 제물'에서 '입술의 희생 제물', 즉 기도로 옮겨 놓았다.

5 Balthasar, H.U. von, Mysterium paschale, in: Feiner, J.(Hg.), *Mysterium salutis. Grundriss heilsgeschichtlicher Dogmatik*, Band III,2: Das Christusereignis (Einsiedeln: Benzinger 1969) 214.

6 Metz, J. B., *Memoria passionis. Ein provozierendes Gedächtnis in pluralistischer Gesellschaft* (Freiburg i. Br.: Herder 2006) 63f.

7 메츠는 넬리 작스Nelly Sachs가 쓴 같은 제목의 시를 암시한다. 해설이 담긴 작스 의 시집 *Nelly Sachs Werke*, Bd.2, Gedichte 1951-1970 (Berlin 2010) 46 참조.

8 하느님의 자기 축소(Tzimtzum) 사상은 이사악 루리아Isaak Luria(1534~1572)의 이

름을 딴 루리아의 카발라에서 왔다.

9 Jonas, H., *Der Gottesbegriff nach Auschwitz. Eine jüdische Stimme* (Frankfurt: Suhrkamp 1987).

10 Boschrt, R., Gespräch mit Elie Wiesel, in: Süddeutsche Zeitung 28./29.10.1989.

11 McAfee Brown, R., *Elie Wiesel, messenger to all humanity* (University of Notre Dame Press 1983).

12 Aland, K.(Hg.), *Luther Deutsch: die Werke Martin Luthers in neuer Auswahl für die Gegenwart*, Band I: Die Anfänge(Stuttgart u.a.: Klotz u.a. 1969) 162.

13 Ebeling, G., *Dogmatik des christlichen Glaubens*, Band I: Prolegomena (Tübingen: Mohr 1979) 256.

14 루터와 아빌라의 데레사의 생애, 특성 그리고 신학적 - 영성적 주제들의 놀라운 유사성에 대해서는 Herbstrith, W.(Hg.), *Teresa von Ávila – Martin Luther. Große Gestalten kirchlicher Reform* (Reihe Edith-Stein-Karmel Tübingen 12) (München: Kaffke 1983)을 참조하라.

15 '신 죽음 이후의 신학'의 일부 주제들은 새로운 맥락에서 후기 데리다의 '부정신학'(apophatische Theologie)의 특징들과 연결한 포스트모던 신학을 발전시킨다. 여기에는 도발적이고 영감을 주는 지안니 바티모Gianni Vattimo의 시도, 즉 세속 사회를 '성령의 시대'로 파악하고 비형이상학적인('허약한') 사상을 십자가에 달린 신의 아들의 비움(Kenosis)으로 이해하는 것이 포함된다[Vattimo, G., *Jenseits des Christentums. Gibt es einen Welt ohne Gott?* (München: Hanser 2004) 29].

16 호흐후트의 희곡은 당시 동독의 반反교회 선전의 도구로 사용되기도 했다는 것을 첨언해야 한다. 실제로 최근의 연구는 교황 비오 12세가 제2차 세계대전 당시 유다인들의 고통에 직면해서 이 희곡과 여러 출판물들이 묘사하는 것처럼 그렇게 수동적이지는 않았음을 밝히고 있다.

17 여기서 나는 토머스 알타이저의 말을 염두에 둔다. "한 분 하느님이 있었다. 하지만 이 하느님은 예수의 죽음 이후 사망했다. 이제 하느님은 인간과 또는 인간의 역사와 동일시된다"[Fries, H., *Abschied von Gott? Eine Herausforderung–Versuch einer Antwort* (Freiburg i. Br.: Herder 1971) 64].

18 다른 맥락이지만 H. Fries가 앞의 책, 106에 인용한 Herbert Braun의 글 '무신론자는 하느님을 빠뜨린다' 참조.

19 Patočka J., *Kacířské eseje o filozofii dějin* (Praha: Academia 1990) 116.

5

춤추는 신

리처드 커니는 고대 그리스도교 삼위일체신학의 핵심어 중 하나인 '상호 내재성'(perichoresis, 거룩한 삼위의 각 위격의 상호 '침투'와 상호 의존)이 **춤** 개념과 연결되어 있음을 환기시킨다. 그는 초대교회가 삼위일체를 **원**으로 표현했음을 떠올리며, 성부와 성자 그리고 성령이 서로서로 앞서 가게 하는 춤으로서 삼위일체의 내적 삶에 대한 유쾌한 상상을 덧붙인다.[1]

참으로 비범한 이러한 상상을 접했을 때 내 머릿속에서 섬광처럼 두 가지가 떠올랐다. 하나는 다르비시 춤이다. 지난해 나는 터키 코니아에서 열린 이슬람 신비주의자 루미를 기념하는 축제에서 이 춤을 보았다. 이 춤은 수피즘 신비주의의 보화 중 하나로 하느님의 역동적인 사랑을 몸으로 상징적으로 표현한다. 그러고는 "나는 춤출 줄 아는 신만을 믿는다"는 니체의 말이 떠올랐다.[2] 니체에게 신의 춤은 신적 가벼움, **자유**와 평화의 상징이다. 또한 이 춤은 니체가 그리스도교 신앙에, 무엇보다 도덕에 스며들었다고 말한 '엄숙함', '복수심', 르상티망(마음속에 쌓인 원한 또는 분노), 도덕적 해이의 반대를 상징한다.

예수는, 그리고 그분 안에서 우리에게 나타나는 삼위일체 하느님은 **춤추는 신**일 수 있는가? 우리 안에서 가장 먼저 본능적으로 '아니요'라는 말이 튀어나온다. 이는 교회에서의 우울한 그리스도 묘사로 인해 우리 상상력이 길들여졌다는 증거다. 초기 그리스도교의 특정 공동체의 신앙심이 고스란히 담겨 있는 귀중한 외경 가운데 일부는 **예수가 제자들과 함께 어떻게 춤을 추었는지** 주저 없이 묘사한다. (이러한 묘사가 정경이 보존하는 많은 기억에 비해 권위가 없다고 주장할 근거는 없다.) 특히, 십자가에 달린 예수의 몸이 눈에 띄게 역동적인 자세로 흔들리는 비잔틴 양식의 십자가에 대해 몇몇 해석은 요한의 십자가형과 부활의 일치, 굴욕과 드높여짐의 일치를 표현하고자 한다고 주장한다. **당신께서는 저의 비탄을 춤으로 바꾸셨다**(시편 30,12 참조)라고 한 시편 구절을 형상화한 것으로도 이해한다. 복수를 향한 정체를 알 수 없는 갈망의 투사이거나 아니면 아무런 힘도 쓰지 못하는 '인간에 대한 연민'으로 죽은 무능한 노인에 넌더리가 난 니체가 갈망하던 가벼움과 춤과 자유(발랄함이라고 말할 수도 있다)를 닫힌 문을 통과해 들어온 부활한 예수가, 혹은 토마스 사도와 만난 예수가 지니고 있었을 것이다.

아니다, 여기서 니체와 그의 추종자들이 마음에 들어 할 '하느님' 형상을 억지로 끼워 맞추고 싶지 않다. 우리는 부활하신 분의 현현이 왜 토마스 사도를 기쁜 황홀경으로 이끌었는지, 그리하여 "나의 주님, 나의 하느님"이라 고백하게 했는지 이해하고 싶다. 동시에 **우리가** 이 부활의 기쁨에 참여할 수 있는지, 가능하다면 어떻게 할 수 있는지 조심스럽게 물어보려 한다.

그런데 바로 이 기쁨과 이 자유가, 경건하고 하느님을 부인하고 우울하고 생기 없고 기쁨이 없고 내적으로 굳어 있으며 낙담하는 '무거운 영혼'의 인간을 걸려 넘어지게 할 그리스도 신앙의 '모퉁잇돌'은 아닐까? 부활의 자유라는 무도회장에 입장하기 위해 예수가 말한 '어린이의 영혼'이 필요하지 않을까? 예수는 '다시 한 번 태어나고' 다시 한 번 어린이가 될(참조: 마르 10,15; 요한 3,7) 겸손과 용기를 지닌 이들이 하느님 나라에 들어간다고 했다. 니체는 '세 가지 변신에 대하여'라는 장章에서 차라투스트라를 통해 이렇게 예언했다: "명령과 금지를 해야 하는 무거운 짐을 진 금욕적이고 고단한 영혼, 상처로 짓눌린 무릎을 꿇는 **낙타**, 자유의지를 향한 **사자** 혹은 주권자가 되기보다 최종적으로는 스스로에게 자유로운 어린이가 되어야 한다." 니체는 이미 이 신비를 조금 맛본 것이 아닐까?[3]

❦

무엇이 토마스 사도의 자리에서 **우리가** 부활의 자유의 빛 안으로 들어서고 기쁨으로 사도의 고백을 따라 하는 것을 방해하는가? 부활의 신비로 들어가는 것을 허용하지 않는 '닫힌 문들'은 어디에 있는가?

지난 세기의 유물론과 유물론의 진실에 대한 협소한 이해를 물려받은 우리는 어설픈 회의주의를 종종 토마스 사도의 의심에 투영했다. 어쩌면 우리는 그 회의주의가 던진 모든 물음에서 자유롭지 않다. 부활이 '실제로' 어떻게 일어났을까?

폴란드 신학자 토마즈 베크라프스키는 그의 심오하면서 독특한 '신학 개론'[4]에서 중요한 내용을 진술했다. "무덤에 누인 예수의 몸에서 실제로 무슨 일이 일어났는가?" 또는 "죽음에서 부활한 예수를 봤다는 사람들이 실제로 보았던 것은 무엇인가 혹은 누구인가?"라고 질문하는 이들은 심각한 오해에 굴복하여 말하는 것이다. 이러한 물음들은 질문자들이 이미 무언가를 추측하고 있음을 증명하기 때문이다. 그들은 '죽은 자의 부활'에 대해 **이전부터 알고 있었고**, 그들 스스로 '죽은 자의 부활'과 연결 지어 놓은 것들이 예수에 대해 말하는 것들과 얼마나 일치하는지 혹은 다른지 확인하고 싶어 한다. 또한 그들은 이 사건의 증인들이 그들이 생각했던 경험해야 하는 것 혹은 경험할 수 있는 것을 **실제로** 보았고 경험했는지 확인하고 싶어 한다.

그러나 정말 신학적으로 생각한다면 **우리는 우리가 알지 못한다는 것을 안다**. '죽은 자의 부활'이라는 은유가 의미하는 것은, 토마스 아퀴나스가 늘 강조했던, **우리는** 하느님이 '참으로' 누구인지, 어떻게 '하느님 그 자체'인지 **알지 못한다**는 것과 비슷하다. 하느님과 부활은 우리의 경험, 언어, 논리 그리고 상상력이 파악할 수 있는 지평과 가능성을 넘어서는 **근본적 신비**다. 하느님과 부활 신비를 우리의 능력으로 이해할 수 없고, **지식과 소유의 대상으로** 마음대로 처리할 수 없다.

신앙과 희망으로만 하느님과 부활을 암시할 수 있고, 이 신비가 (어쩌면) 우리에게 말을 걸어오는 것까지만 **들을 수** 있다. 우리가 알 수 있는 것은 기껏해야 우리가 우리의 가장 깊은 본질에서 이 신비에 의존하고 있고, 이 신비가 '구름에 가려져' 있다는 이유로 무관심하게 등을 돌려 버리는 것이 가장 어리석은 일이라는 것뿐이다.

다시 베크라프스키로 돌아가자. "우리에게 미래가 보이지 않는 것처럼, 하느님은 보이지 않는다. 미래는 우리를 기다리고 있고, 끊임없이 우리에게 다가온다. 하지만 미래 자체는, 미래가 미래로 남아 있는 한 관찰될 수 없다. 우선 미래는 그것이 우리의 현재가 될 때 보인다. 우리 안에서 그리고 우리 역사 안에서만 보인다. 하느님은 인간으로 현존할 때 보인다. 하지만 그때조차 하느님으로 볼 수 있는 것이 아니라 인간으로, 인간적 역사로, 즉 예수 그리스도의 삶과 죽음 그리고 부활로 그리고 이것들에 속한 모든 것으로 보인다. 또한 예수 안에서도 하느님은 하느님으로 보이지 않는다. 미래가 미래로 남아 있는 한 미래가 보이지 않는 것처럼 말이다. 그러나 이렇게 유추할 수 있다: 하느님은 우리의 미래지만 미래는 우리의 하느님이 아니다. 따라서 예수 안에서 열린 미래가 가시적인 현재가 될 때 그분은 하느님으로 보이지 않기를 그만두지 않는다."[5]

그분 자신 안에 있으며 '하느님 그 자체'인 하느님은 신앙과 희망으로만 접근할 수 있는 신비로 영원히 남아 있고, 또한 의심으로 우리를 이끈다. '신의 죽음'에 관한 말들을 **세상**이 이러한 신비에 어느 정도까지 마음을 열 수 있는가에 대한 진단으로 읽는다면, 이 말들이 전통 신앙을 지닌 (나 같은) 그리스도인들을 자극할 필요가 없다는 것은 이미 살펴보았다. 그런 말이 텅 빈 미사여구가 아니며 **신학적** 진술이라도, 그런 말들은 결국 '하느님 그 자체'에 대한 진술이 아니다. 신학자는 '하느님 그 자체'는 결국 모든 인간적 진술에서('아래로부터') 벗어난다는 것을 알기 때문이다.

죽은 이들의 부활은 우리의 경험에서 벗어난 미래의 신비로 남아 있다. 오늘날 우리는 이 신비를 이성적 물음이라는 '안전장치' 없이 오로지 믿음과 희망으로만 암시할 수 있으며, 우리 자신이 죽음의 문턱을 넘을 때까지 이 신비를 정말로 '이해'하거나 경험할 수는 없다. 어쩌면 우리는 그리스도의 부활이 **아닌 것**을 알 수 있을 뿐이다. 더 정확히 말하자면 성경이 이 단어로 의미하지 않는 것이 무엇인지 알 뿐이다. 거듭 말하지만, 성경은 이 단어로 죽은 이의 '소생'이나 '의식 회복', 시간과 공간이라는 이 세계로 돌아옴, 죽음에 굴복했음을 의미하지 않는다. 바오로 사도는 "우리가 알기로, 죽은 자들 가운데서 일으켜진 그리스도께서는 다시는 죽지 않으십니다. 죽음이 더는 그분을 지배하지 못합니다"(로마 6,9)라고 분명하게 말한다. 또한 성경은 예수의 부활을 단지 **예수의 사상** 또는 '예수의 사명'이 **계속된다**는 것을 표현하려는 상징적 완곡어법으로 말하지 않는다. 복음서가 말하는 것을 이데올로기가 아닌 한 사람의 증인을 만나는 것으로 진지하게 받아들여야 한다.

하느님과 미래의 비가시성에 대한 베크라프스키의 인상 깊은 해석을 약화시키고 싶지 않지만, 나는 '미래의 섬광'(하느님의 불꽃)이 인간의 현재로 떨어질 때 그 경험이 말하고자 하는 것을 언급해야겠다. 그 경험은 우리에게 미래와 하느님을 '보여 주고' '손에 쥐여' 주지 않지만, 과거와 현재에서 이미 달성되었고 인식된 우리의 게으른 주장을 어지럽힌다.

부활한 분과 토마스 사도의 만남은 분명 이러한 경험이었다. 예수의 **변모된** 상처의 빛은 토마스 사도에게 아주 잠깐 동안 인간을 통해 하느님을, 현재를 통해 미래를, 가시적인 것을 통해 비가시적인 것을 인식하게 했다.

❦

그러나 토마스 사도의 고백과 복음의 장면에 비추어 너무 서둘러 춤을 추지는 말자! "그리스도를 만나면 그리스도를 죽여라!" 한 가톨릭 사제의 입에서 이 말이 나왔을 때 나는, 부드럽게 말해서, 비정상적으로 들렸다. 그러나 속단은 금물이다. 비트겐슈타인의 언어철학을 공부하지 않은 사람도 그의 언어철학의 근본원리는 한 문장의 참된 의미는 문장 자체에서가 아니라 문장이 발설되거나 쓰인 맥락 안에서 찾아야 한다는 것임을 알 것이다.

맥락은 이랬다. 그 말은 예수회원이자 선禪의 대가인 에노미야 라살이 '독참'獨參(선 수행 중 수행자가 하루 한 번 침묵을 깨고 스승의 방을 찾아가 개별적으로 가르침을 구하는 것) 중에 나에게 한 말이다. 일본에서 수십 년간 활동한 에노미야 라살은 신비주의와 동서양의 명상에 실천적으로나 이론적으로 정통한 20세기의 위대한 그리스도인 중 한 명이다. 더 잘 집중하기 위해 명상 중에 예수의 이름을 반복해서 부른다는 나의 고백에 그는 그것은 '비전통적인 선禪'의 형태라고 말했다. 참된 선은, 그러니까 불자나 그리스도인이나 유다인 또는 무신론자든 상관없이 고승의 가르침에 따라 수행하기를 원한다면, 모든 관념, 표상, 말과 이름 그리고 가장 거룩한 것의 의미를 완전한 비울 것을 목표로 한다. (우리는 이 비움과 채움의 변증법의 신비를 꿰뚫린 예수의 심장, 텅 빈 예루살렘 성전의 성소, 찢어진 성전 휘장의 신비에 대해 묵상할 때, 카발라 신비주의에서, 부정신학 전통에서, 루터의 십자가 신학에서, '신 죽음 이후의 신학'에서, 부정신학의 전통에서 스스로 적들의 손에 넘겨진 하느님을 묵상할 때, 하느님의 자기포기라는 포스트모던적 성경 해석에 대해 묵상할 때 이미 접촉하지 않았는가?) 그래서 불교의 선승들은 수행자들에게 '경건한 관념들'을 조심하라고 말한다. "부처를 만나면 부처를 죽여라!" 그러므로 그리스도교 선의 대가가 그리스도교 제자들에게 동일한 의미로 "그리스도를 만나면 그리스도를 죽여라"라고 말해선 안 될 이유가 있는가?

많은 그리스도인에게 분명 신성모독으로 들리는 이 말을 훗날 다른 명상가는 공안公案보다는 좀 덜 모호한 어법으로 설명해 주었다. 관상에서 우리는 하느님도 그분의 유일한 아들도 '내 앞에' 명상의 **대상**으로 설정하지 않는다. 오히려 사도 바오로의 말씀에 따라, '그리스도 안에 있다는 것, 그러니까 **더 이상 내가 사는 것이 아니라, 그리스도가 내 안에 산다**(갈라 2,20 참조)는 것이 의미하는 바를 체험하려고 한다.

다른 방식으로 표현된 사도 바오로의 사상 또한 중요하다. 바오로 사도는 **육에 따라**, 즉 '육신의 외적 방식으로'가 아니라, 정신으로, 즉 정신의 내적 방식인 **'영에 따라'** 예수를 알기를 원했다는 것을 강조했다. 여기서 바오로는 확실히 그리스도의 신비에 이르는 자신만의 길을 고수했다. 바오로는 다른 사도들과는 달리 '역사적 예수'를 알지 못했다. (바오로는 자신의 신학에서 예수와 부활 사건을 제외하고 그분의 인생에 대해 크게 관심이 없음을 표명한다.) 특히 다마스쿠스로 가는 길에서 **부활하신 분의 충격적인 환시**가 그를 강타했고, 그 밖에 바오로의 회심 전에 일어난 스테파노의 순교를 포함한 제자들의 증언과 바오로 신학의 기초를 다진 아라비아 사막에서의 생활이 그를 변화시켰다.

우리가 이 책에서 고찰하고 있는 토마스 사도와 부활한 분과의 만남에 대한 심오한 의미를 복음서의 서사 맥락에서 찾는 것은 중요하다. 이 만남은 부활과 예수 승천 사이 '짧은 시간'에 일어났다. 이때는 그리스도의 제자들이 이제 '그리스도를 몸이' 아니라 **'영으로'** 보고, 알고, 만질 준비를 할 때였다. 그리스도를 '영으로' 안다는 것과 그분 안에 머무른다는 것은 '그리스도의 영을 모시고 있다는 것'(로마 8,9 참조)을 의미한다. 나아가 이는 성령으로 하나 되는 것(이 지점에서 바오로와 요한의 문헌들이 그들의 신비주의 안에서 서로 만난다), 아버지와 아들을 하나로 잇는 살아 있는 띠를 의미한다. 또한 서로서로 하나가 되는 것, 그리스도와 하나 되어 '삼위일체의 심장' 안으로 끌려 들어가는 것을 의미한다.

이것이 성금요일과 성토요일의 '자기 비움'(kenosis)과 상반되는 부활의 또 다른 측면이다. 부활의 이 두 측면은 들숨과 날숨처럼, 심장의 수축과 이완처럼 떼려야 뗄 수 없다. (완고한 무신론자 포이어바흐의 하느님과 인간의 관계에 대한 표상의 의미를 반대로 적용한 것이다.)[6]

그리스도가 토마스 사도를 만난 길에서 만남의 장면이 있기도 하지만 그 길은 이별을 향해 가는 길이기도 했다. 예수는 "아버지께 가는"(요한 14,28) 길이었기 때문이다. 예수가 야곱의 우물에서 사마리아 여인에게 했던 예언이 실현되는 때가 그의 떠남으로 완성되었다. 예수는 그분을 예배하는 이들은 이곳저곳에서가 아니라, **영과 진리 안에서**(요한 4,24) 예배드리게 될 것이라고 말했다. 예수가 우리를 떠나지 않았다면, 영이 우리에게 오지 않았을 것이다(요한 16,7 참조).

사형 집행을 앞둔 감옥에서 디트리히 본회퍼는 "우리와 함께 있는 하느님은 우리를 떠나는 하느님이다"라고 메모를 남겼다. 그러고는 이렇게 끝맺는다. "하느님은 우리가 하느님 없이 우리 삶을 마음대로 하듯 그렇게 살아야 한다고 알려 주신다."[7]

우리는 **외적** 보호자로서의 하느님 없이 살아야 한다. 단지 **외적인** 하느님, '육에 따른 그리스도'와는 하느님의 춤추는 아들딸이 누리는 자유와 기쁨을 얻을 수 없다. 우리는 그리스도가 요구했던 '자녀의 영'이 아니라 **아이**로 머무르며, 미성숙하고, 서투르고, 무능하게, 책임을 떠맡은 비웃음당하는 자녀가 될지도 모른다. 누군가 당신에게 '육에 따른' 외적 그리스도를 권한다면 그 표상을 거부하고 **"그것을 죽여라"**! (안타깝게도 종종 우리 교회에서 그리고 오늘날 종교 시장에서 이러한 외적 그리스도 이해를 발견할 수 있음을 각오해야 한다.) 사도와 함께, **그분 안에서** 살고 성숙할 수 있는 '영에 따르는 그리스도'를 찾아라.

십자가를 통해 아버지께 나아가는 그리스도 안에서 하느님은 우리를 떠난다. 우리에게 자유와 책임의 공간, 우리가 그리스도를 다시 발견할 수 있는 성령의 공간을 허용하기 위해서다. 그 공간은 표면이 아니라 저 깊은 곳에 있다. 폐쇄되고 자기 주변만 맴도는 경건함 가득한 자기만의 작은 방 — 그래서 우리는 영의 내밀성을 반대로 이해하고 있는지 모른다 — 이 아니라 우리가 있고 우리가 만들어 가는 실재의 깊은 곳에 있다. 성령의 가장 소중한 예언적 선물은 시대의 징표를 읽고, **오늘의 시대**를 하느님의 도전으로 **이해하는** 일임을 잊지 말자.

토마스 사도에 대한 복음의 장면은 **보지 않고도** 믿는 이들에 대한 찬양으로 끝난다. 그렇다, 이것은 '보이지 않지만' 그럼에도 현존하는 그리스도를 향한 길이다. 그 길은 감각을 통해서가 아니라, 의미 없는 경건한 문구가 아니라 신앙을 통해, 희망과 사랑을 통해 그분의 새롭고 다른 현존을 발견할 수 있는 길이다. 이 길은 모든 극적인 전환점을 지나 삼위일체의 품 안에서 추는 신적 춤의 대열에 황홀하게 동참하며 끝나길 희망하는 길이다.

주

1 Kearney, R., The God Woh May Be (캐나다 방송 CBC의 데이비드 칼리와의 대담, 2006.12.15.) 참조.

2 Nietzsche, F., *Also sprach Zarathustra.* Kap. 18, Vom Lesen und Schreiben (KSA, ZA I, 49).

3 Nietzsche, F., *Also sprach Zarathustra.* Von den drei Verwandlungen (KSA 4, ZA I, 29f).

4 Weclawski, T., *Królowanie Boga: Dwa objaslÿnienia wyznania wiary Koslÿciola,* (Posen: Uniwersystet im. Adama Mickiewicza, Wydz. Teologiczny 2003) 139.

5 같은 책 230-231.

6 천상에 있는 인간 '본질'의 투사投射로서 하느님에 대한 포이어바흐의 이론에 따르면, 인간은 자신의 믿음을 통해 '비워진다'. 반면 인간은 신의 부정을 통해 다시 '숨을 쉬게 되고', 빼앗긴 인간의 위대함을 다시 갖는다. 우리는 바오로의 케노시스kenosis(성자의 희생으로 하느님이 자기 자신을 '비운다')로서의 십자가 이론을 따른다. 복음서에 따르면, 십자가에서 예수는 숨을 내쉬었다. 우리가 똑같은 영으로 하느님 자녀의 영광과 위대함과 자유를 얻게 하기 위해 영을 넘겨 주었다(traditit Spiritum).

7 1944년 7월 16일 자 메모: Bonhoetter, D., *Widerstand und Ergebung: Briefe und Aufzeichnung aus der Haft* (Werke 8; hrsg. von E. Bethge) (München: Kaiser 1988, 177f).

6

어린양의 경배

밀비우스 다리 전투 전날 밤, 로마 황제 콘스탄티누스에게 십자가 표징이 나타났다. 그는 '이 표시로 승리하리라'는 말을 받아들여 병사들의 방패에 이 표시(☧)를 새기게 했다. 전투에서 승리한 콘스탄티누스는 그에 대한 감사로 이제껏 박해하던 교회를 공인하고 여러 특전을 베풀었다. 마침내 그리스도교는 로마제국의 국교가 된다.

콘스탄티누스 황제가 그에게 일어났던 기이한 현상을 좀 더 큰 통찰력으로 이해했더라면 그리스도교의 역사, 유럽과 세계의 역사가 어떻게 되었을까라는 물음이 내 머릿속에서 떠나지 않는다.

❦

콘스탄티누스의 선물이 없었다면 교회는 자신의 문화적 가능성을 이렇게 강력하게 발전시킬 수 없었을 것이다. 그리스도교가 태양이 지지 않는 제국의 영역에서 권력의 햇빛이 잘 드는 곳으로 넓게 퍼져 나가지 않았다면 자신의 치유력을 사회에 관철시키지 못했을 것이다. 교육·사회 제도를 수립할 수 없었을 것이고 수천 년 동안 그리스도교의 영향권에서 복된 열매를 풍성하게 거두어들일 수 없었을 것이다. 그러나 어쩌면, 이른바 '제국식式' 그리스도교 속에서 어떤 본질적인 것이 잊혔고 발전되지 못했고 심지어 버려지고 왜곡되었다.

　잊힌 것에 대해 질문한다는 것은 단순히 그 자체로 중요하다는 것도 아니고, 역사에서 무의미한 '만약'이라는 빈약한 근거에 기반을 둔 상상력을 발휘해 보는 것도 아니다. 이는 때로 많은 그리스도인이 역사의 밭에서 발견한 보물을 찾는 것이다. 그러나 성경이 충고하듯이, '돌아갔다가 다시 밭을 사러 올'(마태 13,44 참조) 가능성이 늘 주어졌던 것은 아니기에 신중하게 역사의 밭을 파고들어야 한다. 많은 그리스도인이 로마 그리스도교에 넌더리가 나, 저항적 탈출을 감행하여 이 숨겨진 보물을 들고 이집트 사막으로 되돌아갔다(이 얼마나 놀라운 역사의 아이러니인가!). 거기서 그들은 '대안적 그리스도교'의 발화점이 된 첫 수도원을 세우고 고독에 침잠했다. 어쨌든 서방에서 콘스탄티누스식 그리스도교의 마지막 잔재가 붕괴(나는 계몽주의로 이미 실추한 교회의 위상이 아니라 우리 문명의 자연스러운 틀을 의미한다)한 오늘날 우리에게 발견되지 않고 남아 있는 것, 공인된 금모래 밭과 공인된 은총 속에 묻혀 있는 것을 찾아내는 것은 흥미로울 뿐 아니라 우리가 살아가는 데 실제로 필요할 수 있다. 이것이 이번에는 정말로, 화려하지만 권력의 보호를 받는 위험한 모래 위가 아니라 평평하고 단단한 바위 위에 믿음의 집을 짓는 데 도움을 줄 것이다.

'신의 죽음' 이후, 공적 공간에서, 오늘의 언어와 문화 속에서 그리스도는 우리에게 와서 당신의 상처를 보여 준다. 그리스도는 '황제들에게' 그들의 벌거벗음을 볼 수 있게 해 주는 거울로서 십자가를 가리키고 있다. 그들은 더 이상 주술적 부적처럼 십자가로 허구의 '새 옷', 갑옷, 무기, 깃발을 장식할 수 없다.

그리스도교는 정치 영역에 들어간다. 그러나 중요하지만 알아주는 이 없고 위험한 예언자적 임무를 수행하는 권력에 비판적인 반대자로서다. 거룩한 아우라를 취하려는 권력자에게 예언자들은, 나탄이 다윗에게 한 것처럼, 왕도 인간일 뿐 신처럼 행동해서는 안 된다는 것을 보여 주고자 한다. 십자가는 '공적 공간'에 있다. 그러나 위풍당당한 전승 기념비가 아니라, 권력의 승리를 위해 비싼 값을 치러야 했던 희생자에 대한 기억으로서 세워져 있다. 그리스도는 우리에게 와서 자신의 상처를 숨기지 않고 보여 준다. 그리고 우리가 우리의 갑옷, 가면 그리고 허식을 벗어 버릴 용기를 준다. 그리고 우리가 다른 사람들에게 그리고 종종 자신에게도 숨기는 상처와 흉터는 물론이고, 다른 사람에게 주었던 상처 또한 바라볼 용기를 주려 한다.

히틀러의 수석 건축가이자 군수 장관이었던 알베르트 슈페어는 딸에게 전쟁이 끝난 뒤 이렇게 설명했다. "건축가로서 32년 동안 내가 꿈꿀 수 있었던 가장 최고의 과제들이 내 앞에 있었다. 히틀러가 네 엄마에게 말했지. '이천 년 동안 볼 수 없었던 건축 계획을 당신 남편은 하루 만에 할 수 있을 거요.' 그런 제안을 거절하려면 인간은 도덕적으로 아주 위대한 금욕가가 되어야 할 거야. 나는 분명히 그런 사람이 아니었어." 슈페어는 이렇게 덧붙였다. 그는 무엇보다 건축가가 되고 싶었고 그 길을 막을 무언가가 있을까 봐 두려워 **두 눈을 질끈 감았다.**[1] 나는 같은 이유와 같은 생각으로, '불콩죽 한 그릇 때문에' 20세기 두 번째 전체주의(공산주의)에 영혼을 팔아 버린 많은 이들과 함께 살고 함께 일하고 있다. 그리스도와의 만남은 위험하다. 그리스도는 자신의 상처를 통해 우리 두 눈의 들보를 빼내 우리 **두 눈을 열어 주기** 때문이다. 그리고 우리가 자주 기꺼이 '감은 눈으로' 가고자 하는 길에서 우리를 끌고 나오기 때문이다.

❧

이 책에서 독자는 우리 세계의 상처를 치유하기 위한 **지침**을 발견하지 못한다. 바라건대 찾지도 말았으면 한다. 나는 구원을 위한 모든 처방전을 분명하게 불신하고 있기 때문이다. 이러한 내 생각들이 무언가에 도움이 될 수 있다면 '무관심하지 말라'는 요청, 용기 내어 **보라**는 요청이다. 모든 사람은 인간의 상처를 치유하기 위해 구체적으로 어떻게, 어느 정도까지, 어디에서 개입할지 또한 할 수 있는지 각자 결정을 내려야 한다. 그러나 첫째로 이를 인지할 능력이 있어야 한다.

나는 인도, 미안마, 가난한 사람 수만 명이 문자 그대로 무덤에서 살고 있는 이집트 카이로 중심지의 소름 끼치는 공동묘지에서 차라리 **보지 않고**, 눈과 마음을 닫고, 가능한 한 빨리 그곳에서 도망치고 싶은 유혹에 여러 번 빠졌음을 고백한다. 수십 년 동안 인도에서 활동한 예수회 신부는 콜카타에 도착한 이후 오랫동안 여러 번 도주를 시도했다고 나에게 털어놓았다. 두 가지 미성숙한 반응이 번갈아 가며 도주를 부추겼다. 하나는 **소아적 반응**이다. 두 눈을 감기, 무엇으로든 얼굴 가리기, 엄마의 치마를 대체할 수 있는 것으로 숨어 버리기다. 다른 하나는 성난 혁명가의 **사춘기적 반응**이다. 무기를 들고 열정적으로 부당한 사회 상황과 이 상황에 책임 있는 자들과 이 상황으로 먹고사는 이들을 혁파하자! 우선 오랜 시간, 수년간의 관상이 그에게 끝까지 버틸 힘을 주었고 조급함의 유혹을 극복하고 구원을 향한 지름길에 대한 환상을 깨 주었다.

요한 밥티스트 메츠는 '뜬 눈의 신비주의'가 필요하다고 말한다. 이는 분명 감은 눈으로 하는 동양의 명상 수행을 논박하는 것이다. 다른 그리스도교 작가는 불교와 더 뚜렷한 경계를 긋는다. 불교는 '나'로부터의 '초탈'과 '나'의 멸각을 통해 슬픔과 고통에서 벗어나는 법을 가르치는 반면, 그리스도교는 우리 자아를 다른 사람들에게 묶고 각자의 심장에서 '피와 물'이 흘러내리기까지 연대의 십자가에 매달기를, 세상의 상처를 보고 세상에 의해 거듭해서 상처 입도록 내버려 두기를 우리에게 요구한다. 금욕과 명상으로 이기주의를 극복하는 것이 아니라, 기도가 이웃을 위한 구체적 사랑의 실천과 실질적 도움으로 이어지기를 요구한다. 나는 극동의 영성을 통해 서양의 매력을 다시 보게 된 계기가 있다. 인도에서 힌두교 신자들을 여럿 만났는데 그들은 마더 데레사 수녀의 자선 활동에 대해 그리스도인들이 불행한 이들에게 방해가 될 뿐이라며 한탄했다. 이들은 전생의 죄를 제대로 속죄할 수 없고 다음 생에 행복한 운명을 벌 수 없다는 것이다!

이 지점에서 요가 수행자들과 불교 신자들에 맞서는 그리스도인들에게 동조하고 싶지는 않다. 나는 불교 승려들과 논쟁했다. 그들은 서양에서 애매하고 때로는 좀 이상하게 장난삼아 불교에 대해 생각하는 사람들이 아니다. 그리고 나는 일본의 사찰에서 성급하게 판단하는 사람들을 경계할 만큼의 시간을 보냈다. 동양과 그리스도교 신비주의의 길을 너무 쉽게 같다고 하는 사람들뿐 아니라, 이 둘을 극단적 대립 관계에 놓으려는 사람도 너무 단순화하는 것이다. 다채롭고 광대한 이 두 정신세계에는 무척 다양한 학파가 있어서 사람들은 전자뿐 아니라 후자의 관점에서도 예시와 논거들을 찾을 수 있다.

예수회 선교사의 이야기로 다시 돌아가면, 관상은 인내할 용기를 강하게 해 줄 뿐 아니라, 도피나 혁명과는 다른 실제로 도움이 되는 행동을 이끌어 낸다고 덧붙이고 싶다. 관상하는 사람과 기도하는 사람의 영향에 대해 생각해 보자. 마하트마 간디와 마더 데레사다. 끈기 있는 행동이, 모든 사회적·정치적 문제를 해결하지는 못했지만 실제로 인도의 인상과 그 정신을 질적으로 어느 정도 바꾸어 놓았다.

한스 우르스 폰 발타사르가 한 기억할 만한 문장이 있다. "관상을 통해 하느님의 얼굴을 알지 못하는 사람은 행동에서, 특히 억압받고 고통받는 이들의 얼굴에서 그분의 얼굴이 비춰질 때도 하느님의 얼굴을 인식하지 못한다." 사람은 본질적으로 관상에서 비롯된 행동, 즉

비폭력을 알아본다. '폭탄 돌리기'를 지속적으로 거부하는 이러한 행동은 우리 세계에 참으로 새로운 특성을 부여할 것이다.

🌿

2001년 9월 11일 이후 부시 대통령이 선언한 '테러와의 전쟁'은 그가 알 카에다를 거대한 사탄, 저들은 악 우리는 선, 악의 제국 대 선의 제국이라는 종말론적 수사로 규정한 그 순간부터 이길 수 없었다.

미국 대통령이 '문자 그대로' 생각하지 않았더라도, 그것이 단지 수사에 불과했더라도, 그 말은 자연스럽게 행동으로 이끌고 적어도 그 순간에는 국가를 단합시키는 힘을 지닌다. 이는 굉장히 위험한 시도였다. 종교적 표현과 상징은 '세속적 인간'에 의해 자주 인식되지 못하고 순진하게 과소평가되지만, '세속적 시대'와 세속적 사회에서 섬뜩한 힘을 지니고 있다. 종교적 상징의 힘이 무기의 힘과 결합하면, 그러한 속된 결합은 그런 식의 모든 종교와 정치의 결합처럼 언젠가는 키마이라 같은 괴물과 끔찍한 유령을 계속 생산해 낸다.[2]

폭격으로 사탄을 없앨 수 없다. 사람들은 사탄을 **몰아낼** 수 있을 뿐이다. **나의** 세계에서, 나의 마음에서 그리고 나의 '무의식'에서 시작해서 세상에서 몰아낼 수 있을 뿐이다. 무엇보다 자아의 **그림자**로서, 우리가 세상과 '다른 이'에게 투사하는 숨겨진 부분인 사탄을 들추어냄으로써 몰아낼 수 있다. 관계 안에 정착하기를 좋아하고 무의식의 지옥에서 나와 정치권에 침투하기를 좋아하는 유령과 악몽은 다른 방법으로는 제압할 수 없다. 커니에 따르면, 우리가 그것들의 얼굴을 볼 용기를 낼 때만 가능하다.[3] 우리가 그것들을 '얼굴 없는 존재'로서 끔찍한 공포나 증오로 받아들이는 한, 그것들은 우리가 받아들이는 것으로 남는다. 덧붙이자면, 공포와 증오는 유령과 악몽을 자주 만들어 낸다. 달리 말하면 지옥에서 그것들을 불러낸다.

그 이름이 불릴 때 악마는 쫓겨난다. 우리가 악마의 진짜 이름을 알면 악마는 더 이상 우리에게 힘을 쓰지 못한다. 우리는 하느님을 편리하게 승리주의자의 칭호로 부르며 몰아낼 수 없다.

하느님은 이름을 갖지 않기 때문에 내몰리지 않는다(하느님이 불타는 떨기나무 속에서 당신을 드러내신 장면으로 명백해졌다).[4] 우리는 '그분을 정의하고', 다시 말해 그분을 제한하고, 그분을 상상하고, 그분에 대한 이름이나 문구를 고안하려 하고, 그럼으로써 그분을 언제든 마음대로 우리에게 봉사하게 하고 우리의 권력 이해를 위해 불러내려고 시도했다. 성경은 이 모든 시도를 마술과 우상숭배로서 신앙에 반하는 대죄로 판결을 내린다.

우리의 하느님은 이름을 갖고 있지 않기 때문에, 인간 마음대로 그분을 부를 수 없고, 몰아낼 수도 없다. 이 이름 없는 분은 **익명의 모습**으로 우리 곁에 머무른다. 우리가 그분을 알지 못하고, 경배하지 않고, 고백하지 않는 곳에서도 우리 곁에 있다. 칼 융 묘비에는 "부름 받았든 못 받았든 신은 이곳에 있을 것이다"(Vocatus atque non vocatus, Deus aderit)라고 적혀 있다. 그분은 '부름 받지 않아도'(non vocatus), 고백되지 않아도, 불리지 않아도, 명명되지 않아도 우리 곁에 있다.

니체의 차라투스트라는 이렇게 말했다. 유다인의 하느님은 자신의 유일성을 요구했으나 그들이 만든 우상은 하느님을 비웃었다. 그러나 우상들의 웃음은 너무 성급했다. 유다인의 하느님은 엄격하게 지켜진 익명성 덕분에 살아남았다.

❦

그리스도 신앙은, 하느님이 숨어 계신 구름을 뚫고 들어갈 수 있고 하느님의 도달할 수 없는 익명성이라는 침묵의 문의 봉인을 깰 수 있는 유일한 것은 그분 독생자의 이름(인간존재의 위격)이라고 말한다. 우리가 그분에게 그분 아들의 이름으로 말을 건다면, 그분 아들의 이름으로 청한다면, 하느님께 말을 걸 수 있고 우리 삶과 우리 세계에 하느님을 초대할 수 있다고 복음서는 말한다(요한 14,13 참조).

우리 시대에, 서방의 그리스도인들에게도 '정교회의 진주'인, 예수의 이름을 단순히 반복하는 예수기도 또는 마음의 기도가 다시 크게 사랑받고 있다. 나도 종종 이 기도를 바친다.[5] 그러나 이제야 더 넓은 맥락에서 이 기도를 인식하기 시작한다. 폭력의 세상 한가운데서는 하느님이 부재한 듯 보이고 외적 버팀목으로서의 **하느님 없이 살아내야** 한다. 그러나 죽음의 수용소에서 본회퍼 목사가 알려 주듯이, 그러한 세상에서 우리는 '예수의 이름' 없이 버텨 낼 수 없고 예수와 그의 길을 끊임없이 기억(anamnesis)하지 않고는 살아 낼 수 없다.

요한복음서의 예수가 말하듯 이 아남네시스는 성령의 파견이다.

"아버지께서 내 이름으로 보내 주실 성령께서 모든 것을 여러분에게 가르쳐 주실 것이고 [내가] 여러분에게 말한 모든 것을 생각나게 해 주실 것입니다"(요한 14,26). 여기서 중요한 것은 일기장의 메모를 보고 해야 할 일을 기억하는 것처럼, 우리의 잠든 주의력을 깨우는 단순한 경고가 아니라 '기억'에서 떠오르는 것에 대한 깊은 이해다. 아우구스티누스와 플라톤주의에 영향을 받은 일련의 그리스도교 사상가들에게 기억(memoria)은 영혼이 하느님과 가장 강렬하게 만나는 곳, 곧 심연이다. 성경 — 그리고 파스칼 — 은 '마음'이라 부르고, 심층심리학은 '무의식' 또는 자기(self)라고 부른다.

우리가 **그리스도의 수난을 기억하는** 성체성사처럼 규칙적으로 그리스도를 기억하면, 이를 통해 경계하는 힘을 얻을 수 있다. 이 힘은 이른바 모든 종류의 마약 — 수많은 종류의 '인민의 아편'이 어떻게 종교 없는 세계를 제시할 수 있었는지 마르크스는 의아해할 것이다! — 그리고 양심을 무디게 하여 우리를 다락의 길로 이끄는 모든 방식을 거부할 힘을 준다.

고대교회의 교부 알렉산드리아의 클레멘스는 그리스도의 십자가와 연결된 그리스도인을 호메로스의 영웅 서사시에 나오는 오디세우스와 비교했다. 오디세우스는 밀랍을 녹여 선원들의 귀를 막은 뒤 배 돛대에 자신을 꽉 묶어 두게 했다. 매혹적인 노래로 유혹해 지나가는 배들을 난파시키는 세이렌의 소리로 인해 위험에 빠지지 않기 위해서였다. "죽음의 노랫소리를 지나쳐 가라. 네가 원한다면 파멸을 이겨 승자가 되리라. 나무에 묶여 있는 너는 그 어떤 침몰에서도 자유로울 것이다. 너의 조타수는 하느님의 로고스가 될 것이다. 그리고 성령이 너를 천상의 항구에 들어서게 할 것이다. 그러면 너는 나의 하느님을 보게 될 것이고, 거룩한 신비에게로 봉헌될 것이다. 그리고 어떤 귀도 듣지 못하고, 어떤 인간의 마음도 이해하지 못한 내가 간직하고 있던 천상의 숨겨진 것을 누리게 될 것이다."⁶ 그리스도교 지혜의 스승 알렉산드리아의 클레멘스는 이렇게 말한다: 인간이 그리스도와 그분의 십자가 돛대를 꽉 붙들고 있다면, "내게는 세상이 십자가에 못 박혔고 나도 세상에 대해서는 십자가에 못 박혔습니다"(갈라 6,14)라는 바오로 사도의 말을 따른다면, 그를 혼란스럽게 하고 오도하는 세상의 모든 목소리를 두려움 없이 들을 수 있다.

❧

여기서 나의 사고, 나의 신앙, 나의 연구의 첫 철학적 사랑인 니체와 수십 년 동안 지속적으로 나눈 대화를 통해 내가 내린 결론을 한마디 해야겠다. 한 신학자는 그에 대해 이렇게 말했다. "그는 잘못 생각한 그 지점에서도 무언가 심오한 것을 말한다. 그렇지 않다면 그것은 니체가 아닐 것이다." 나는 '니체가 잘못 생각한 지점' 혹은 그가 우리의 오류나 우리의 편협함을 정반대의 극단을 통해 상쇄하려고 시도했던 그 지점을 감히 판단하지 못한다. 니체 스스로 "모든 것에 관해 두 가지 견해를 가지고 있다"고 인정했다. 그는 우리에게 한낮의 빛이 아주 매혹적일 때 깊은 밤이 있음을 인상적이고 극적으로 상기시킨다. 우리의 언어가 너무 달콤하다면, 그는 소금, 쓴 쑥과 식초를 입안에 가득 머금고 우리에게 말한다. 우리의 감상적인 경건함 뒤에 신의 부재가 숨어 있음을 발견한다면 그는 우리에게 '무신론자 중에 가장 경건한 사람'이 어떻게 하느님에 대해 그리고 하느님과 이야기하는지 보여 준다. ("그리스도인들은 구원된 것처럼 보이지 않는다'라고 말했던) 그는 우리 그리스도인이 '구원된 것처럼 보인다면', 우리의 구원자를 거부하지 않을지도 모른다.

　니체를 읽은 많은 이가 '그리스도'에, **십자가 돛대**에 매여 있지 않다는 것을 나는 안다. 그들에게 그의 작품은 비극적인 방식으로 난파의 고통으로 이끌어 가는 세이렌이 되었다. 그럼에도 나는 그리스도를 '간극 없이' 받아들이고 또한 오디세우스를 모범으로 삼아 귀를 밀랍으로 막지 않은 바로 그들이 니체를 주의 깊고 크게 경청할 수 있고 그래야 한다고 확신한다.

☙

그리스도의 이름을 기계적으로 반복하여 그리스도의 이름을 기억할 수는 없다. 그럴 경우 우리가 '그분의 이름을 헛되이 입에 담게' 될지도 모르고 마술에 빠질 수도 있다. '십자가 돛대에 자신을 묶는 것', "육을 그 정욕과 사욕과 함께 십자가에 못 박는 것"(갈라 5,24 참조)은 단순히 경건하고 위안을 얻기 위한 감정만으로는 할 수 없다. 미로슬라브 볼프는 "십자가에 못 박힌 분과의 연대에서 모든 고통에 대한 위안을 찾을 수 있다"라고 썼다. "그러나 십자가에 못 박힌 분의 모범을 따라 악에 맞서 싸우는 편에 선 사람들만이 그리스도를 발견한다. 그분의 길을 거부하면서 그리스도에게 위안을 청하는 것은 값싼 은총일 뿐 아니라 그릇된 이념을 변호한다는 것을 의미한다."[7]

'그리스도의 신념'을 지키며 그리스도의 상처에 대한 기억으로 세상에 못 박힌 사람은 '육에 따라 그리스도'를 알고자 하지 않는다. (그리고 전쟁수사학이 하느님과 그리스도의 이름의 권세와 지배권을 제 것으로 삼는 것을 결코 용납하지 않는다.) 그는 '영에 따라 그리스도'를 고백하고, 그분의 영 안에서 살고 투쟁한다. 그는 이 세상에서 결코 승리할 수 없지만 그럼에도 거듭 인도되어 투쟁의 무대에 선다. 그는 무릎을 꿇고 찾으며, **낙인찍히고**, 그리스도가 부재한 어둠 속으로 들어갈 용기를 가져야 한다. 그는 언젠가 다른 이들도 십자가에서 벌려진 두 팔의 포옹에서 떨어지지 않기를 희망한다.

폭력과 악의 놀이에 응하지 않고, 폭력과 악으로 점철된 이 세상에서 무릎을 꿇었던 사람들, "큰 환난을 거쳐 자기 예복을 어린양의 피로 **빤**"(묵시 7,14 참조) 사람들에게 요한묵시록은 모든 사람이 어린양 앞에서 무릎을 꿇고 새로운 노래를 부르기 시작하는 전례에 참석하리라 약속한다. "당신은 두루마리를 받아 그 봉인들을 떼고 펴기에 합당한 분이십니다. 그것은 당신이 살육당하셨고 하느님을 위하여 당신의 피로 모든 종족과 언어와 백성과 민족들 가운데서 사람들을 사셨기 때문입니다"(묵시 5,9).

그 봉인은 **그리스도의 성흔이 찍힌 손**만이 열 수 있다.

주

1 Hauerwas, S./Bondi, R./Burrel, D.B., *Truthfulness and Tragedy* (Notre Dame: University of Notre Dame 1997).

2 '테러와의 전쟁'에 대한 평가와 그 결과에 대해서 앞 장(5장 주1 참조)에서 언급한 책(캐나다 방송 CBC의 데이비드 칼리와의 대담, 2006.12.22.)에서 인용한다. 나는 커니의 비판적 성찰만을 열거한다.

3 앞의 책 참조. 커니는 여기서 자신의 책 *Strangers, Gods and Monsters: Interpreting Otherness* (London-New York: Routledge 2003)에서 밝힌 분석을 근거로 제시한다.

4 우리 시대의 주석은 "나는 있는 나다"라는 문장을 하느님의 자기계시 또는 형이상학적 정의(본질과 존재가 하나이고, 동시에 그 현존이 그분의 본질인 하느님)로 읽기보다는, 하느님의 이름을 알려 달라는 모세의 청탁을 거부한 것으로 읽는다.

5 이 기도에 관해서는 다음 책들을 참조하라: *Anleitung zur Anrufung des Namens Jesu. Von einem Mönch der Ostkirche*, hrsg. von Jungclaussen, E., (Regensburg: Pustet 1989); Stinnssen, W., *En bok om kristen djupmeditation* (Örebro: Libris 1997); Jalics, F., *Kontemplative Exerzitien. Eine Einführung in die kontemplative Lebenshaltung und in das Jesusgebet* (Würzburg: Echter 1994).

6 Rahner, H., *Griechische Mythen in christlichen Deutung* (Darmstadt: Wissenschaftliche Buchgesellschaft 1957) 473f의 인용문.

7 Volf, M., *Exclusion and Embrace. A Theological Exploration of Identity, Otherness, and Reconciliation* (Nashville: Abingdon 1996) 33.

7

그리스도의 성흔과 용서

이미 고인이 된 프라하 대교구장 토마세크 추기경은 로마 베드로 광장에서 요한 바오로 2세의 피격을 목격했다. 추기경이 언젠가 나에게 요한 바오로 2세와 나눈 대화를 전해 주었다. 사건이 일어난 지 열흘쯤 후 로마의 병원으로 병문안을 갔을 때 나눈 이야기였다. 몸 상태를 묻는 의례적인 물음에 병상에 누워 있던 교황은 눈짓으로 기계에 연결되어 있는 손과 붕대에 감긴 배를 가리켰다. 그러고는 살며시 미소지으며 말했다. "말하자면, 그리스도의 성흔이 찍혔어요!"

그 후 몇 년 동안 이 말이 여러 번 내 뇌리를 스쳤다. 2000년 희년의 문턱에서 베드로 대성전의 '거룩한 문'을 여는 엄숙한 전례에서 직접 그를 봤을 때, 또 내가 2001년 9월 11일 비극적인 순간을 따라가고 있을 때, 마지막으로 교황이 자신에게 총을 쏜 암살범을 만나러 교도소를 찾아가는 모습을 담은 텔레비전 영상을 봤을 때다.

바로 이 교황이 새천년을 향한 문을 열었다는 것과 이것을 그가 성흔이 있는 두 손으로 행했다는 것이 나에게 큰 감동으로 다가왔다. 교황 피격 사건은 어떤 예언적 표징이 아니었을까? 교황은 거의 사반 세기 후 다가올 시대의 가장 위협적인 상처, 즉 테러 공격이라는 폭력을 자신의 몸에 지님으로써 증명해야 했던 것은 아니었을까? 주 하느님이 구약성경의 예언자들에게 부여했던 것과 비슷한 사명, 다시 말해 자신의 운명과 행위를 통해 **온 민족에게** 곧 일어날 일을 경고하고 미리 보여 주어야 하는 사명을 완수했던 것은 아닐까?

그리고 교황은 그의 삶을 고통스럽고 위태롭게 만든 사람을 몇 년 후 감옥으로 찾아가 그를 바닥에서 일으켜 안아 줌으로써, 상처의 진정한 치유라는 물음에 몸소 대답한 것은 아니었을까? 아마도 많은 사람들이 이 짧은 텔레비전 영상을 보면서 나와 비슷하게 느꼈을 것이다. 특히 렘브란트의 유명한 그림 「되찾은 아들」이 떠오른다. 한순간만이라도 그 자리에 있고 싶다는 강렬한 갈망과 함께 카메라가 곧장 꺼져 미디어가 렘브란트의 그림과 같은 이 장면을 감성적인 통속극으로 만들 수 없어서 다행이라는 마음이 들었다.

돌려서 말하지 말자. 나는 부시 대통령이 오사마 빈 라덴 또는 그를 대신할 또 다른 사탄인 사담 후세인에게 가서 그와 포옹을 한다고 해서 테러의 공포가 이 세상에서 사라질 것이라고 생각하지 않는다. 나는 교황의 행동이 일반적으로 적용되거나 세상의 상처를 치유하기 위한 유일한 처방이 될 거라고 여기지 않는다. 인간이 손에 무기를 들고 자기 자신이나 타인을 지켜야 할 순간도 있다는 것을 안다.

그럼에도 한 가지는 보편타당하다: 우리는 폭력과 악이 승리하도록 도와서는 안 된다. 폭력과 악은 우리의 머리와 심장을 어둡게 하는 증오의 독을 머금고 우리를 물어서 그들의 경기장으로 우리를 끌고 들어간다. 우리는 더 이상 냉정하고 책임 있는 결정을 내릴 수 없게 된다. 폭력과 악은 그들이 가지고 노는 악의 속임수 카드를 우리가 가지고 놀도록 강요할 것이다. 그것들은 우리 혀에 독을 바르고, 우리 입술을 누군가를 죽이는 말로 더럽힐 것이다. 그리하여 복수심을 부추기고 보복의 악순환을 작동시켜 이 세상에서 전쟁이 끊이지 않도록 멸망의 화염이 계속 불타오르게 한다. 우리가 **그 일부가 될 정도로** 악에게 도덕적으로 무너지지 않는다면, 인류 가족은 서로를 파멸로 몰고 갈 두려움 없이 그리스도교 시대의 세 번째 세기를 향한 길을 갈 수 있을 것이다. 용기 있는 교황이 성흔이 찍힌 손으로 그 문을 열었다.

❦

프라하에 있는 내 방에는 약간 표현주의적인 커다란 그림이 걸려 있다. 20년 전부터 책상 맞은편 벽에 걸어 두었다. 그림 속에서 예수는 십자가에서 못 박힌 손바닥을 보여 주고, 옆구리 상처는 옷을 뚫고 비친다. 지금 여기 수도원에도 비슷한 주제의 그림 복사본이 내 앞에 있다. 그리고 제대 위 성체는 배고픈 순례자를 위해 **쪼개진** 빵의 신비를 말하고 있는 것 같다.

부활하고, 죽음을 통해 변모된 예수가 처음으로 제자들에게 나타낳을 때. 처음으로 당신의 상처를 보여 주면서 신분증을 제시하듯 본인임을 증명했다. (기록된 바와 같이 당시 토마스 사도는 거기에 없었다.) 그때 예수는 제자들에게 위대한 선물을 주기 위해 왔다. 바로 **용서의 성령**이다.

많은 사람들이 요한복음서의 이 성령 인도 장면을 설명할 때 사도행전의 비슷한 장면인 '언어의 은사'(다른 언어를 사용하는 은사)를 떠올린다. 그러나 여기서 예수는 '**용서의 언어**'를 준다. 이는 낯설고 심지어 적개심에 찬 사람들을 이해하고 그들과 합의하는 수단이다.

❧

부활하신 분에게서 제자들이 가장 충격을 받은 것은 죽은 줄 알았던 그가 살아났다는 것을 확인한 것이 아니다. 성경에 그러한 장면이 몇 번 등장하고 제자들은 라자로기 무덤에서 살아난 것을 직접 목격하기도 했다. 아마도 고통의 어둠과 적들의 손아귀에서 벗어난 메시아가 왔다는 소식이 근본적으로 새로운 이유는 **복수자가 아니라 용서하는 자**로 왔다는 것, 용서를 요청하고 권능을 지닌 자로 왔다는 데 있을 것이다(요한 20,19-23 참조).

예수가 제자들에게 들려준 마지막 비유 중 하나가 '예수 죽음 이후 무슨 일이 일어나는가'라는 물음에서 핵심적 역할을 한다. 악한 소작인들에 관한 비유다(마르 12,1-8 참조).

다른 고장을 여행하고 있던 주인(하느님 또는 하느님을 상징화한 모습들로 예수의 비유에 자주 등장한다)은 자기 포도밭에서 일하는 탐욕스러운 소작인들에게 계속해서 종을 보내고 마지막에는 하나뿐인 아들을 보냈다. 그러나 소작인들은 탐욕에 눈이 멀어 포도밭의 상속자를 죽이면 주인의 재산을 가질 수 있을 것이라 단순하게 생각하고 그 아들을 죽였다. 도대체 주인은 소작인들과 무엇을 한 것인가?

두 복음서에서는 예수가 어느 정도 논리적이고 예상 가능한 답을 한다. 주인이 소작인들을 **엄하게 처벌**하는 것이다. 그런데 마태오복음에서는 같은 답변이 제자들의 입에서 나온다(마태 21,41 참조). 예수가 직접 답하지 않는다.

부활만이 제자들에게 충격적인 메시지, 이 이야기의 예상치 못한 해답, 부활절 신비의 놀라운 결과를 가져다준다. **하느님은 복수하지 않는다**. 예수는 평화, 성령, 용서를 가져온다. 그의 꿰뚫린 손바닥은 복수와 폭력의 화염에 대항해 들어 올려졌고 그는 이렇게 말한다. '충분하다!'

❦

제자들이 서로 갈라지지 않았다면, 여인들과 요한처럼 십자가 아래에서 참고 견딜 용기가 그들에게 있었다면 십자가에 달려 아래를 향해 한 이야기의 결말에 대한 명백한 암시를 들었을 것이다. "아버지, 저 사람들을 용서하소서. 사실 그들은 무슨 짓을 하는지 알지 못하옵니다"(루카 23,34).

예수가 모든 것을 용서하며 사람을 의심하지 않는 사람이어서 이렇게 말하는 것이 아니다. 그는 의도적이고 아주 적극적으로 자신을 십자가에 매단 사람들의 깊은 악의를 모르는 순진한 사람이 아니었다. 그들은 그들이 무엇을 **하려는지** 안다. 그러나 그들에게는 그들이 하는 **행동**의 최종 의미가 빠졌다.

예수는 그들이 악의에 눈이 멀어 스스로 무슨 일을 하는지 알지 못하는 상황이라고 규정한다. **그들 위에 있는 이**는 보고, 드높여짐과 굴욕이라는 요한의 역설 안에서 이 상황을 수행한다. 십자가에서 내려다보는 고통에 찬 관점에서, 오직 아버지, 우리가 이미 알고 있듯이 잠시 후 아들에게서 무한히 멀리 떨어져 있는 것처럼 보이는 아버지가 아들의 희생을 바라보는 관점에서만 부활 드라마의 본질적 의미를 파악할 수 있다. 이 의미는 십자가 사건의 관계자들을 완전히 배제한다. 그들은 그들이 무엇을 원하는지는 알지만 그들이 정말로 무엇을 하고 있는시 알지 못한다 그들은 그들이 이해하지 못하는 일에 무의식적으로 동조한다. 즉, **용서의 힘을 통해 복수와 폭력의 메커니즘을 멈추는 행위**에 동조한다.[1]

예수의 적들과 살인자들은 타오르거나 멸망시킬 불 위가 아니라 반대로 증오의 밤을 벗어날 길을 비춰 줄 불 위에 나무를 올려놓았다. '악한 소작인들'에 의해 십자가에 못 박힌 두 손은 예수의 불가사의한 비유를 들은 사람이 기대하는 복수를 하지 않을 것이다. 십자가에 꿰뚫린 두 손은 포도밭 주인에게 아주 충격적인 소식을 전한다. 다른 고장을 여행하고 있는 하느님을 대신해서 **상속자**는 돌아와서 이렇게 말한다. '충분하다!' 세상에는 치유되지 않은 복수와 거듭해서 폭력을 요구하는 악행이 충분히 많다. 그러므로 나는 여러분에게 이 폭력의 세상에서 인간의 귀가 아직 듣지 못한 것, 복수에 대한 열망으로 어두워진 인간의 마음에 아직 스며들지 못한 것에 대해 말하려 한다. 나는 여러분에게 치유와 용서를 위해 행동하라고 강력히 요청한다. **죄인을 용서하면 용서받지만, 용서하지 못하면 용서받지 못한다.** 용서받지 못한 죄, 치유되지 않은 악의가 어디에 이르는지, **상처받은 이들의 힘으**로 폭력을 멈출 수는 없지만 **더 커지지 않는다**는 것을 여러분은 십자가에서 보지 않았는가?

이러한 말들이 지옥문을 부순다.

✼

40일 동안 예수는 자신의 상처를 보여 주었고 제자들에게 악을 악으로 갚지 말라고 가르쳤다. 그리고 마침내 천상에 오르던 날, 신비에 가득 차서 "다른 고장을 여행하던 분에게로" 사라졌다. 이제는 예수에게 배운 것을 우리가 증언해야 하는 자유로운 공간으로서 역사를 우리에게 맡겼다. 이제 우리는 **상속자**들이고, 포도밭의 관리인이다.

그리스도교 역사를 돌아볼 때 우리는 아들이 아니라 그들에게 보내진 예언자를 돌로 치고 때려죽인 나쁜 포도밭 소작인을 더 많이 따라 하고 있다고 고백해야 한다. '새천년 교황' 요한 바오로 2세는 **과거 상처의 치유**를 간절히 바랐다. 교황은 용기 있게 세상 사람들의 눈앞에 교회사의 어두운 부분을 드러내 보였다. 마침내 그는 2000년 희년 사순 첫 주에 십자가 앞에서 교회가 하느님과 사람들에게 저질렀고 이제야 고백하는 모든 죄를 용서해 주기를 청했다. 우리 또한 우리에게 잘못한 사람을 거듭해서 용서할 책임이 있다.

역사가 지금까지 진보했다는 것에 확실한 희망이 있다. 인류가 이전의 그 어느 때보다 더 효율적이고 더 신속하고 더 쉽게 접근할 수 있는 수단을 사용하게 되었지만, 인류가 지금까지 파멸하지 않았던 것에 확실한 희망이 있다. 두 손에 성흔이 찍힌 인간이 새천년의 문을 열었고, 우리에게 용서의 성령 안으로 들어갈 것을 요청한 것에 확실한 용기가 있다. 이로써 우리가 **희망의 문턱을 넘을** 수 있다.

주

1 르네 지라르는 부활에 관한 이러한 관점에 많은 관심을 가지고 매진했다. Girard, R., *Der Sündenbock* (Zürich: Benzinger 1988) 참조. 신학자 R. 슈바거도 지라르의 관점에서 부활절 드라마를 정리했다. Schwager, R., *Jesus im Heildrama. Entwurf einer biblischen Erlösungslehre* (Innsbruck: Tyrolia 1990) 참조.

8

벽을 두드리는 소리

"감방 벽을 사이에 두고 노크 소리로 서로 소통하는 두 죄수가 있다. 벽은 그 둘을 갈라놓지만 서로 소통하는 걸 허락한다. 우리와 하느님도 마찬가지다. 모든 분리는 연결이다."[1] 시몬 베유의 말이다.

이는 우리의 상처, 우리 자신의 삶과 마음에서 발견한 상처들, 우리가 만나는 사람들의 상처들, 우리가 알고 싶어 하지 않는 상처들에도 해당되는 말이 아닐까? 우리가 그리스도의 상처를 보는 토마스 사도와 빌라도의 서로 다른 관점을 이미 알고 있듯이, 각각의 상처들은 하느님과 또는 — 다른 이들이 하느님이라 부르는 — 삶의 의미와 관련하여 분리뿐 아니라 연결의 가능성을 숨기고 있는 것은 아닐까? 상처의 경험은 종종 무의미하고 부조리하게 보이는 것의 **의미**, 또한 거기에 의미가 있을 것이라는 확신을 **흔들어 놓지** 않던가? 또한 견디고 짊어지고 가야 할 고통의 의미뿐 아니라 **그 의미를 더 깊이 이해하도록**

이끄는 길을 흔들어 놓지 않던가?

여기서 상처에 대해 말할 때 우리는 **단지** 눈에 보이는 육체적 상처만을 염두에 두지 않는다. 물론 매우 다양한 상해, 질병 또는 선천적 기형은 상처일 수 있고 많은 이에게 분명 상처다. 성경적으로 말하자면 '하늘을 향한 외침'인 고통스러운 참상도 우리가 놓쳐서는 안 되는 고통의 목록에서 당연히 빠뜨릴 수는 없지만, **단지** 가난, 폭력 그리고 사회적 불의에 대해서만 말할 수 없다. 부부와 가족 같은 가장 친밀한 인간관계의 균열과 그 안에서 비참하게 방치되는 '암'에 **대해서만** 말할 수도 없다. 이 또한 우리 시대에 많은 이들을 파괴하고 많은 이들에게 오랫동안 치유할 수 없는 상처를 남겼지만 우리는 이 '문명병'을 예방하고 치유하기 위해 할 수 있는 것이 별로 없다. **단지** 우리 주변 사람들이 겪고 있는 수많은 고통, 다시 말해 개인적이고 사적인 증상일 뿐 아니라 '사회적 죄'와 연결되어 있는 **시대의 상처**라고 표현할 수 있는 고통들에 대한 이야기도 아니다. 버려진 느낌, 소외감, 우울, 대도시 군중 속 외로움, 수많은 사람이 즐기는 놀이동산 한가운데서 느끼는 쓰라린 슬픔 또는 사랑이라는 단어가 소절마다 높고 낮게 변주되는 떠들썩한 유행가 속에서 친밀함과 다정함 그리고 사랑을 향한 채워지지 않는 갈망 같은 것도 아니다. 나는 이 모든 것과 더불어 이보다 더 많은 것을 염두에 두고 있다. 나는 '신앙의 상처'를 생각하고 있다. 그리고 그로 인해 '종교적 어려움' 또는 종교적이고 심신 깊은 사람들이 겪는 교회에 대한 어려움들을 생각한다. **모든 실제적인 상처는 이른바 '그리고 무엇보다도' 신앙의 상처다.** 이러한 상처는 종종 분명하게 드러나지 않고, 인지되지 못하고 제대로 다루어지지 않아서 흉터로 남고 이를 치유하는 데 오랜 시간이 걸릴 수 있다. 모든 진짜 상처는 우리가 살아갈 힘과 버틸 힘을 얻던 세상과 삶의 의미에 대한 믿음에서 느끼는 — 대부분 암시적이고 얕은 — 안정감에서 벗어나게 한다. 비록 우리 모두가 이 의미를 종교적 용어로 부르거나 표현하지 않더라도, 우리는 이러한 믿음으로, 이 의미에 대한 신뢰로 살아간다.

그 정도가 매우 다르기는 하지만, 이는 우리 모두가 어느 정도 공유하고 있는 원초적 신뢰다. 그리고 그렇게 공유하는 한 우리는 건강한 인간, 즉 자아가 확립되어 있고 우리 세상과 우리 삶의 운명을 긍정할 수 있는 인간이다. 인간 안의 — 제도적, 교의적 또는 전례적 형식과는 거리가 먼 — '태생적인 종교적 기반'을 표현한다면, 그것은 바로 우리 자신과 우주에 대한 '긍정'이다. 우리는 이 의미 있는 생각과 의미 깊은 행동을 무심결에 확언한다. 우리 상처들 중 가장 고통스러운 것은 상처들이 의미에 대한 이러한 경험에서 우리를 떼어 내고, 상처들이 그 의미에 의문을 제기하는 것이다. '왜? 왜 나인가? 다른 사람이 아니고 왜 나인가?' 그리고 상처의 가장 큰 위험은 우리 안에서 이 원초적 신뢰를 영원히 파괴할 수 있다는 것이다. 그럼에도 고통이 우리 안에서 일깨우는 이러한 물음에는 **우리가 의미를 추구하고 발견할** 기회 또한 있다. 우리는 여태껏 무의식적으로, 함축적으로 경험했던 것을 이제는 사유의 대상과 마음의 문제로 만든다. 많은 사람들은 바로 이 고통의 밤에, 고통의 시작보다는 그 고통의 끝에, '해 뜨기 바로 직전'에 비로소 스스로 의미를 재발견하고 깊이 체험할 수 있다.

고통은 우리를 의미로부터, 또는 많은 이들이 의미라 이름 부르는 하느님으로부터 떼어 놓는 벽이 된다. 하지만 우리가 벽 앞에 무감각하게 앉아 있는 대신 벽을 '두드리고' 무엇보다 상대편의 노크 소리를 듣는다면, 고통은 그 의미와 우리를 연결하는 벽이 된다. 이러한 소통이 사용하는 신호를 잘 아는 것 또한 중요하다.

'종교교육'은, 체코의 여성신학자이자 교육학자인 주자나 스보보도바가 '무관심하지 않도록 교육'[2]하는 것이라 적절하게 표현했듯이, 성경의 역사적 사실들을 단순하게 습득하는 것이 아니라, 삶의 시련이 닥쳐왔을 때 절망하거나 고립된 죄인이 되려 하지 말고 이 **상징 언어**를 배우려는 노력이어야 한다.

✤

여기서 우리는 자신의 흉터, 이웃의 상처 그리고 '세상의 상처'에 대해 말하고 있다. 이제 신앙의 관점에서 이 모든 것을 생각해 보면 이것들은 하나라는 것을 깨닫는다. (우리가 육화의 신비를 믿는 한 이 모든 것은 **그리스도의 상처**가 된다.) 우리가 상처받은 이들과 연대하지 않는다면, 그 상처들이 우리 마음을 움직이지 않고 각자의 양심을 자극하지 않는다면, 우리를 불안하게 하지 않고 무관심에서 벗어나게 하지 않는다면 우리는 다른 이들의 상처를 하느님께 바칠 수 없다. 이 사실을 우리가 자각한다면 그 모든 것은 **우리의 상처**다. 하느님 앞에 우리는 **그분의 것이 아니면서 우리의 것일 수 있는 것**을 바칠 수 없다. 하느님 밖에는, 우리가 그분 안에 있는 한 우리 밖에는 실제로 '지옥'만이 존재하기 때문이다.

매해 여름 여기 수도원에서 보내는 일주일은 나에게 은총의 시간이다. 무엇보다 찬미와 감사기도, 청원기도를 드리는 행복한 기도의 시간이다. 이 책을 쓰는 것 또한 기도의 한 형태로 체험한다.

청원기도란 무엇이고 그 의미는 무엇일까? 인간의 요청에 하느님이 정보를 주는 것인가? 이것은 좀 이치에 맞지 않는 것 같다. 타자의 고통과 세상의 아픔을 "하느님, 당신이 좀 돌보시오!"라는 문구와 함께 피안의 저편에 보내는 것을 의미하는가? 그것은 부재의 증거, 마술과 미신 형태의 자기기만일 것이다. 그러니까 그리스도교 기도의 참의미와 정신을 전혀 모르는 이들, 즉 기도를 조롱하는 무신론자들, 그리고 안타깝게도 이런 식으로 '실제로' 기도하고 추천하는 많은 신앙인이 '청원기도에 대해' 그렇게 상상하는 건 아닐까?

청원기도는 나의 아픔으로 느끼는 타자의 고통에 대해 하느님과 나누는 대화다. 이 대화에서 나의 일차원적 감정, 소망과 생각 들에서 조용히 거리를 두고 복음 말씀과 대면한다. 그러면서 고귀한 기도의 성령 안에서 나는 내가 바꿀 수 있는 것과 없는 것을 구분하는 법을 배운다. 나의 것으로 받아들이는 것을 배우며 적어도 어떻게든 거기에 참여할 수 있다. 기도 안에서 나는 피하지 않고 미루지 않고 잊지 않고 눈을 감아 버리지 않는 용기와 힘을 청한다.

또한 **내가 변화시킬 수 없는 사람**을 정말로 '놓아주고' 포기하는 것, 즉 겸허히 그리고 현실적으로 나의 한계를 인식하고, 자신이 '전능'하다는 망상과 환상을 벗어던지고, 자신의 능력에 대한 과대평가와 과부하에서 자유로워지는 것을 배운다. 이를 통해 나는 또한 죄책감, 부당함, 분노, 무능이라는 **스스로에게 부과한** 감정에서 벗어날 수 있다. 나는 하느님이 아니므로, 내가 많은 과제를 하느님 그리고 그분이 이러한 일들을 위해 찾아낸 이들에게 넘겨야 한다는 사실에 직면할 때 느끼는 걱정과 스트레스에서 벗어날 수 있다. **하느님은 내가 바꿀 수 없는 것들을 받아들일 냉정함, 내가 변화시킬 수 있는 일들을 변화시킬 용기 그리고 이것을 분별하는 지혜를 주셨다.**

기도는 진정제나 하느님 치마폭에서 흐느껴 우는 시간이 아니다. 기도는 하느님의 대장간이다. 거기서 우리는 복음 말씀으로 녹여져 그분의 도구로 단련되어야 한다. 그러나 이 도구는 그분의 손안에서 자유도 책임도 잃지 않고 어떻게, 어떤 목적으로 사용될지 결정된다.

기도는 천상을 날아다니는 공상 여행이 아니고 우리 소망의 피안으로 날아가는 도피도 아니다. 오히려 그 반대다. 주님이 승천하신 날에 천상의 음성이 주님의 제자들에게 "갈릴래아 사람들아, 왜 하늘을 쳐다보며 서 있느냐?"(사도 1,11) 하고 주의를 주었듯이, 우리가 공상에 잠겨 수동적으로 우리 상상, 투사, 공상, 망상 속에서 하늘을 보려 할 때마다 기도는 우리 시선을 지상으로 돌려놓는다. 이와 같은 음성은 우리를 모든 경건한 도피에서 나오게 하고, 땅 위에 단단히 서서 **땅에 성실하고,**[3] **우리가 서 있는 땅**은 거룩한 땅(탈출 3,5)임을 가르쳐 준다.

우리는 기도 안에서, 칸트가 말한 "머리 위에는 별이 반짝이는 하늘, 내 안에는 도덕법칙"을 의식하기보다 **이 세상**은 하느님의 보물이 숨겨진 밭이라는 것을 알게 된다(마태 13,44 참조). 씨 뿌리는 사람의 비유를 설명하실 때 예수는 제자들에게 "밭은 세상이다"(마태 13,38)라고 말했다.

그분이 끊임없이 활동하고, 끊임없이 일하라고 우리를 파견하는 밭은 우리 마음, 이 세상에 놓여 있는 우리 삶이기도 하다. 이 밭은 질적으로 다르고, 경작할 수 있는 범위도 다른 땅이다. 하느님 말씀이 가시덤불에 떨어지면 생명을 틔우지 못하고, 우리의 굳고 '할례를 받지 않은' 마음(로마 2,28-29 참조)의 돌들 사이 또는 우리 피상성의 얕은 물 위에 떨어지면 뿌리 내리지 못하고 열매 맺지 못한다.

십자가 앞에서 또는 이콘 앞에서 기도를 할 때 이러한 상징물들이 마법적이고 거룩한 물건, 마법 도구여서는 안 된다. 이 표상들은 우리를 꿈에서, 자기 주위만을 맴도는 자아도취에서 벗어나게 하고, 자기 말만 하고 싶은 유혹을 그만두게 하는 기억(anamnesis)이어야 한다. 기도는 대화다. 따라서 우리가 쏟아 내는 아름답고 경건한 시적 표현에서 그분의 말씀을 놓쳐서는 안 된다.

하느님의 응답은 우리가 처음부터 듣고 싶었던 답을 순진하게 혹은 영리하게 짜 맞추는 은밀한 귓속말이 아니다. 우리 감옥의 '벽을 두드리는 하느님의 노크 소리'는 심령 모임에서 탁자를 두드리고, 이미 나누어 준 카드를 읽어 내거나 '임의로 넘긴 성경 페이지'에서 무언가를 읽어 내거나 미국 텔레비전 속 목사의 유치한 방식을 흉내 내는 설교를 통해 우리를 믿게 하려는 것과 아무 상관이 없다.

하느님의 응답은 지금 차분히 일정한 거리를 두고, 그분의 면전에서 하느님 말씀에 비추어 읽어 내는 **우리 자신의 삶**이다. 복잡하게 꼬인 암호 같은 우리 삶이라는 본문을 복음의 열쇠로 풀 수 있다. (앞서 말했듯이, 우리는 복음을 자기만의 경험을 통해 거듭해서 더욱 깊이 이해한다.) 다양한 체험들로 빠르게 흘러가는 삶은 기도와 명상에서 단 **하나의 경험**으로 변화된다. 이리저리 날리는 말의 파편들이 의미 있는 본문으로 변화된다. 우리 감정의 뜨거운 쇳덩어리 또는 뜨겁게 달구어진 우리 삶이 성경의 모루 위에서 단련된 본문으로 변화된다. 그렇다, 기도는 하느님의 대장간이다. 고귀한 영혼이 기쁨에 차 잠든 조용하고 구석진 곳이 아니다. 그곳은 때로 뜨거운 열기로 가득 찬다!

가끔 나는 '청을 들어주지 않은 기도의 은총'에 대해 말한다. 그러한 경험에 직면했을 때만 인간은 신앙의 문턱에 도달한다. 종종 남모르게 또는 스스로 인정하지는 않지만, 하느님을 믿음직하고 실수 없이 자신의 주문을 처리해 주는 자판기로 여겼다면 '하느님은 그렇게 작동하지 않는다'는 것, 인간외 살림살이에 튼튼하고 성능 좋은 제품으로서 하느님은 **존재할 수 없다**는 것을 깨달아야 한다. 인간이 그러한 하느님과 그러한 종교를 거부한다면, 그것은 현명한 행동이다. 그래야 신앙과 기도는 **하느님의 뜻**을 이해하려는 노력임을 깨달을 기회가 인간에게 열린다. 신앙과 기도에서 우리는 능력과 지혜를 키우고, 우리의 바람과 요청이 하느님의 뜻에 부합할 수 있도록 사심 없는 마음가짐을 준비하고 있어야 한다. 그러나 그 길은 분명 많은 사람이 갈 수 있는 넓은 길은 아닐 것이다.

기도는 우리가 주문한 제품 목록을 제시하는 것과는 완전히 다른 것이다. 기도는 '근심의 교환'이다. 예수는 먹을 것, 마실 것, 살 곳, 입을 것을 걱정하지 말라고 이르면서, 하느님 나라와 그분의 의로움을 찾으면 이 모든 것을 곁들여 받게 된다고 말한다(마태 6,25.31.33 참조). 이는 분명 내가 독자적으로 '왕국'을 실현하기 위해 하느님 나라의 일들을 어깨에 짊어진다는 것을 의미하지 않는다. 하느님 나라의 도래는 실제로 하느님의 일이지 우리의 과제가 아니다. 인간이 자신의 능력과 가능성으로 지상에서 천상을 실현하려고 할 때마다 그 노력은 대개 지상을 지옥으로 만들어 버렸다. 이는 또한 내가 나의 실존, 나의 생활에 대한 일상적인 책임을 천사 또는 인간의 형상을 취한 천사에게 전가할 수 있다는 것을 의미하지 않는다. 얼마나 많은 '평온한 신앙인'이 그들 주위에 있는 '천사들'을 이용하며 죽도록 괴롭혔는가?

인간의 모든 지평을 채우고 그의 모든 에너지를 삼켜서 결국 인간이 자기 자신의 주위만 맴돌게 하는 이 일상적 '전가'가 **두려운 근심**의 특성을 잃는다는 것이 문제다. 우리가 근심이라고 칭하는 것은 늘 '소유' 영역 — **단지** 물질적 사물에만은 아니다 — 을 목표로 하고 있다. 이 근심들은 실제로 '소유'가 도구로 존재하기를 멈추고, 목적이 되기 시작하는 곳에서 유해해진다.

내가 어떤 특정한 가치척도에 따라 두 가지를 우선시한다면 이러한 근심과 두려움에서 벗어날 수 있다. 이 두 가지란 하느님이 우리 일상의 협소한 시야를 깨뜨리는 것에 열려 있는 것 그리고 나는 그분의 선물을 인식하고 잘 활용할 책임이 있다는 것이다.

기도와 묵상은 **우리가 결정을 내릴 때 무엇을 기준으로 삼을지** 고민하는 작업장이다. 그곳에서 감정의 덧없는 거품이 꺼진 후 아담처럼 변명의 덤불에 숨어서가 아니라 하느님의 얼굴을 **마주 보고** 하느님께 대답하려는 의지가 성숙한다.

기도와 묵상은 결국 **우리 삶의 상처를 치유**하는 장소다.

❧

그러므로 나는 대형 경기장에서 열리는 복음화 집회가 외치는 '신앙을 통한 치유'를 믿지 않는다. 나는 그리스도교 신앙은 오히려 사자에게 물어뜯기는 원형경기장의 순교자 모습이라고 늘 생각했다. 관중의 열광이라는 약에 한껏 달아오른 사자는 비판적 이성이 제기하는 정당한 반론을 먹어 치워 버린다. 나는 교황 방문이나 그와 비슷한 일로 야외 운동장에서 행해지는 미사에 반감이 없다. 그러나 대형 스피커에서 "예수 믿으시는 분, 손을 높이 드세요, 알렐루야!" 같은 소리가 울려 퍼질 때 그 소리는 높이 쳐든 손들의 숲이 망설이는 사람들에게 대세를 따르라고 재촉하고 이는 곧 회개로 이끌 것이라고 생각하는 것 같다. 그럴 때 나는 가톨릭 미사 전례의 '마음을 드높이'를 떠올린다. 손을 높이 드는 것이 아니다. 나는 그리스도교 전통이 기도를 하느님을 향한 마음의 드높임으로, 외적이 아니라 내적 움직임으로 정의하고 있음을 기억한다.

사제는 전례에서 손을 높이 들어 올리지만, 이는 대형 스피커에서 나오는 소리를 따른 몸짓이 아니다. 그리고 부흥회와 달리 가톨릭 전례는 전체주의국가 의회에서의 만장일치 투표를 떠올리게 하지 않는다. 따르는 발, 하느님 나라를 위해 일하는 손처럼 우리 몸을 실제로 움직이게 하는 것은 변화된 마음이지, **분위기**나 대중이 부추기는 감정의 불꽃이 아니다. 마음의 변화는 마음이 완전히 사로잡히지 않고서는 불가능하다. 그렇다, 스스로 **상처받지** 않고서는 불가능하다.

여기서 우리는 '마음'의 개념을 성경적으로 이해한다. 표면에 자리한 감정, 정서 그리고 기분이 아니라 인간 본질의 심연으로 이해한다. 감동이나 격앙의 순간이 아니라 '사로잡힌 마음으로' 인한 근본적인 삶의 변화를 의미한다.

감정적인 생활을 억압한 이성적이고 도덕적인 계몽주의에 대한 반발로, 프로이트와 정신분석학자들과 그 후 인본주의 심리학자들은 감정을 회복시키고 해방시키기 위해 노력했다. 1960년대 말 이후 서구 문화, 교육 그리고 사회의 모든 영역에서 인본주의 심리학이 총체적으로 승리하면서 엄청난 영향을 미쳤다. 그러나 진자가 반대 극단을 치고 더 나아갔다. 우리는 **감정**이 모든 것을 명령하고 정당화하는 세계에 살고 있다. 이러한 일방성은 서서히 인간성을 부식시킨다.

사랑을 감정의 동요와 혼동하는 사람들은 배우자에게 더 이상 아무것도 **느끼지 못한다**면 배우자를 떠날 권리가 있다고 **느낀다**. **신앙**을 경건한 두려움이라는 감정과 혼동하는 사람들은 종교 생활에서 마침내 기저귀를 떼고 성숙할 기회를 갖게 되는 순간 자신을 무신론자라고 생각하기 시작한다. **희망**을 낙관적인 감정과 혼동하는 사람들은 삶을 둘러싼 낙관적 환상이 희망을 **빼앗아** 갔을 때 그 순간이 희망의 힘을 입증할 기회임에도 그들은 자살을 생각한다. 우리는 우리의 감정이나 기분에 대해서가 아니라, **희망에 대해** 설명해야 한다.

믿음과 사랑 그리고 희망은 위에서 본다면, 즉 신학적 관점으로 본다면 하느님의 선물, 하느님의 행위, 우리 영혼에 부어진 은총이다. 이는 '신학적 덕들'이다. 그러나 나는 이 말을 꼭 덧붙여야겠다: 나는 이 '위에서부터의 관점'에서 바라보는 시각을 **배타적**으로 주장하는 사람들은 '어깨너머로 하느님을 보려고' 애쓰고 있는 사람이라고 의심한다. 믿음과 사랑 그리고 희망에 대해 우리는 **아래로부터**, 우리 일상의 인간적 관점에서 바라볼 수 있다. 동시에 여기서는 내가 믿고, 사랑하고, 희망**하려 한다** 또는 그렇게 하지 **않으려 한다**는 가능성의 교차점에서 인간이 선택한 행위, 인간이 자유로이 한 행동이 중요하다. 내가 믿고자 한다면 — 파스칼은 이를 잘 알고 있었다 — **그러면** 나는 신앙에 대한 수많은 논거에 열린다. 내가 믿지 않고자 한다면, 내 온 삶에서 나의 불신앙을 위한 새로운 이유들을 항상 만날 것이다. 사랑, 희망도 마찬가지다. 용서 또한 그렇다.

현대의 한 가톨릭 구마사의 책에는 한편으로는 나를 자극하는 것들이 많이 있었고, 다른 한편으로는 책에 담긴 인간 특성에 대한 지식에 크게 놀랐다. 저자는 자신이 어떤 사람을 용서했는지 그렇지 않은지 모르겠다고 말하는 사람들에게 당혹감을 느낀다고 했다. 그는 그들에게 **당신이 용서하고 싶다면 당신은 이미 그를 용서했다**고 말한다. 그러고는 이렇게 덧붙인다. 그러나 그것이 그 사람이 당신에게 가한 상처가 당장 낫게 된다는 것은 아니며, 찌르는 듯한 고통이 더 이상 당신을 엄습하지 않는다는 것도, 그 사람에 대한 친밀함과 동정심이 불타오르게 된다는 것도 아니다. '상처 치유'는 길고 긴 여정이다.⁴

그는 사랑에 대해서도 이렇게 덧붙인다. 사랑은 어떤 느낌, 감정 상태일 뿐 아니라, 완전히 다르고 더 심오한 것이기도 하다. 그의 주장에 따르면, 사랑과 미움은 **의지**의 일이지 느낌이나 호감이 아니다. 누군가 나에게 호감이 있다면, 그것이 내가 그를 사랑한다는 의미가 아니며, 그가 나에게 호감이 없다면, 그것이 내가 그를 미워한다는 것을 의미하지는 않는다. 예수가 바리사이들에게 동정심을 갖지는 않았지만 그렇다고 그들을 미워했다고 할 수는 없다. 사랑은 내가 다른 이에게 선을 기원하고 내가 할 수 있는 한 그에게 이를 **증명하도록** 준비하는 것이다. 미움은 내가 그에게 악을 기원하고 그러한 기회가 주어지자마자 그에게 그렇게 할 준비가 되어 있다는 것을 의미한다.

그것은 어쩌면 오랜 겨울잠을 자고 난 뒤, 감정의 눈사태에 파묻혀 있던 **의지를 깨우는** 시간이다. 니체가 수동적인 신앙인에서 '**나는 할 거야!**'라고 자유롭게 외치는 사자가 되어야 한다고 했을 때, 그가 완전히 틀린 것은 아니었다.⁵

여기서 말하는 '나는 할 거야'라고 외치는 이는 고독하고 거만한 사막의 임금이어서는 안 된다는 데 차이가 있다. 우리의 의지와 자유는 하느님과 이웃과의 대화로 형성되고 성숙되어야 한다. 우리의 자유는 세상과 우리 이웃의 상처와 요구에 다양하게 담겨 있는 하느님의 요청에 대한 자유롭고 창조적인 응답이 될 때 성취된다.

주

1 Weil, S., *Aufmerksamkeit für das Alltägliche. Ausgewählte Texte zu Fragen der Zeit*, hrsg. von Otto Betz (München: Kösel 1987) 102.

2 Svobodová, Z., *Nelhostejnost* (Praha 2005).

3 "내 형제들이여, 나는 당신들에게 맹세한다. 땅에 성실히 머무를 것이고 이 땅을 넘어선 희망에 대해 말하는 자들을 믿지 않을 것이다! 그러한 희망은 알든 모르든 독살자이다"(Nietzsche, F., *Also sprach Zarathustra* I. Zarathustra Vorrede § 3).

4 Vella, E., *Ježíš - lékař těla i duše* (Kostelní Vydří: Karmelitánské nakladatelství 2006).

5 Nietzsche, F., *Also sprach Zarathustra* I. Die Reden Zarathusras. Von den drei Verwandlungen.

9

—

몸

몇 년 전 이야기다. 독일의 한 도시에서 어떤 부부가 학교 교실 벽에서 십자가를 떼어 달라는 청원서를 제출했다. 그들의 자녀가 십자가 같은 흉측한 물건을 보게 할 수 없다는 것이 이유였다. 이후 소송으로 불거졌고 마침내 카를스루에에 있는 헌법재판소는 공립학교에서 십자가를 걸지 말라는 판결을 내렸다. 몇 년 후 프랑스 의회는 언론이 상세히 보도했던 무슬림 여학생들의 베일 착용에 관한 오랜 논쟁 끝에, 프랑스 학교에서 무슬림 여학생의 베일 착용뿐 아니라 그리스도교 학생들의 '눈에 띄는' 십자가 목걸이와 유다교 학생들의 키파 착용을 **금지해야 한다**는 결정을 내렸다(이미 그런 흐름이 있었으므로 …). 의회가 종교 현상학에 대한 식견이 없는 것은 유감이다. 그들에게 이에 대한 이해가 있었다면 의회는 각 종교에서 그러한 상징들이 다른 역할을 한다는 것을 알았을 것이다. 그들은 그리스도인들에게 십자가는 여성 무슬림에게 히잡이나 부르카와 같지 않다는 것을 모른다. 어쨌든 그럴 수 있다. 한 번 터진 둑은 막을 수가 없다! 같은 시기에 유럽연합의 대표들은 유럽연합 헌장 초안 전문에 '그리스도교'를 명시하는 것에 반대했다.

그럴 수 있다! 유럽연합 헌장에 이 단어가 명시되고 안 되고에 따라 유럽이 좀 더 혹은 덜 그리스도교적이 되는 건 아니다. 그리스도의 성령은 **원하는 곳으로 불고**, 공식 규정이나 열정적인 교사가 프랑스나 독일의 학교 교문 앞에서 이 성령을 막지 못한다. 독일에서 이전에 이미 학교 벽에서 십자가가 떼어지고 그 자리에 콧수염이 나고 옆 가르마를 한 남자의 사진이 걸리는 것을 경험했던 세대의 감정을 이해 못 하는 건 아니지만, 나는 독일 헌법재판소 앞에서 십자가를 들고 경고를 보내는 바이에른 가톨릭 신자들의 시위에 동참하지 않을 것이다. 십자가를 떼어 내는 것 그 자체는 그렇게 흥미로운 일이 아니다. 우리 가톨릭 신사들은 매년 사순절에 성당의 십자가를 천으로 덮어 두는 것에 익숙하다. 우리에게 너무 익숙한 상징들을 감추거나 제거하는 것은 그 상징들을 이용하기를 멈추기 위해 때로는 필요하다. 우리는 상징의 부재를 통해서만 그 의미를 다시 발견할 수 있다. 이전보다 더 깊은 의미를 발견할지도 모른다. **그 비워진 자리를 차지하는 것**이 무엇인지 묻는 것은 더욱 흥미롭다. 우리에게 '그리스도교 - 단식'을 요구하는 것이 우리에게 어떤 잔칫상을 마련해 놓았을까? 아마도 우리는 그 자리를 당장 차지한 것의 가치를 평가하고 비교하면서 우리 신앙의 가치를 배울 것이다.

몇 년 후 베를린을 방문했을 때 십자가의 흉측함과 그리스도의 상처를 용납하지 못하는 시선에 대한 소송이 떠올랐다. 그때 도시에는 가죽이 벗겨진 시체 사진이 담긴 현수막이 넘쳐 났다. **몸**이라는 제목으로 인간의 시체에 관한 미국 회사의 특별 전시회가 열리고 있었다. 지하철, 길모퉁이, 가판대마다 깜짝 놀라게 하는 현수막이 걸려 있었다.

나는 이 전시회에 가지 않았지만 이 전시회를 실현하게 한 아이디어와 그 전시품이 현재의 문화와 죽음에 대한 세속적 관계의 현주소를 특징적으로 보여 주는 것 같았다. 그래서 나는 광고판과 광고 방송을 주의 깊게 보고, 이 전시회와 관련하여 독일 방송과 사회 전반에서 펼쳐진 광범위한 공개 토론 등 접근 가능한 모든 자료를 면밀하게 연구했다. 나는 이 논쟁의 찬성과 반대 입장을 듣고 알게 된 모든 것에 대해 성찰하고 깊이 생각해 보기로 했다. 특히 열정적인 베를린 신부가 내 주의를 끌었다. 그는 무덤 대신 도덕적으로나 미학적으로 이전까지 수용 가능했던 경계를 넘어서려는 감각주의자나 전문적인 기록 파괴자가 떠들어 대는 침으로 더럽혀진 유리 진열장에서 자신의 '편히 쉬지 못할 곳'을 찾는 사람들에게 레퀴엠을 불렀다.

인류학자들은 예부터 무덤과 매장 문화의 존재를 **호모사피엔스**의 시작을 증명하는 표시로 여겼고, 이것으로 동물적 본성을 지닌 그들의 선조와 구별했다. 산 자와 죽은 자의 세계에 대한 구분이 모호해진 곳에서, 죽은 자가 더 이상 매장되지 않고 유리 진열장 안에서 외설

스러운 작품으로 전시되는 곳에서 우리 문화의 역사와 호모사피엔스는 종말을 맞거나 근본적으로 전혀 다르게, 적어도 고상하다고는 할 수 없는 형태로 변형될 것이다. 여하간 나는 이 전시를 단순히 무시하고 지나치거나 잠깐 떠들썩한 소란으로 여길 수 없는 어떤 표징으로 받아들였다. 그것은 중요한 것을 말한다. 나는 이 전시가 인간과 우리 세계에서 어떤 일이 일어나고 있는지 경고하고 있다고 생각한다.

아이들의 시야에서 십자가에 달린 그리스도의 흉물스러운 상처를 치우는 데 성공한 부모들이 도처에 있는 이 표상들 앞에서 아이들의 눈을 가렸는지 아니면 반대로 그 종교적 흉물을 자신들의 상징으로 대체한 것을 계몽주의의 승리라고 환영했을지 상당히 궁금하다.

❧

일 년도 지나시 잃아 프리히에서 신체 전시회가 열렸다. 본질적으로 베를린의 전시회와 다를 바 없는 쌍둥이 전시였다. 두 미국 기업은 상대를 이미 여러 번 고소했고, 당연히 가장 타락한 환상을 만족시켜 모든 금기를 극적으로 깨는 자가 승리했고 더 많은 돈을 벌었다. 베를린에서는 가죽이 벗겨진 말 위에 놓인 시체와 배가 갈라진 임산부와 그 안에 죽은 태아를 볼 수 있었다. 프라하에서 그 경쟁자는 배구를 하는 듯한 기괴하고 우스꽝스러운 자세를 취한 시신이 고매한 관객들에게 즐거움을 주었다. 하느님께로 돌아간 사람들이 여기 전시장에서 운동경기를 하고 있던 것이다. 전시회 작가는 '약간 재미가 있어야 했다'라고 시간증屍姦症 환자 같은 표정으로 텔레비전 카메라 앞에서 말했다. 잠시 이런 생각을 했다: 수용 가능한 기준이 이미 너무 느슨해졌다면 또 다른 사업가는 이 모든 것을 능가하기 위해, 인간의 욕망에서 더 많은 것을 얻어 내기 위해 대중을 무엇으로 놀라게 할까? 그는 어쩌면 포스트모던한 집에 어울리는 매력적인 실내 장식품으로 감각적으로 치장한 시체를 부동산 구매자에게 임대하거나 팔게 될까?

텔레비전, 라디오, 언론과 고속도로를 따라 이어진 광고들은 그들이 할 수 있는 모든 것을 했다. 도시 한가운데에서 전시회 개최를 허가했던 프라시의 문화국장은 온갖 이유를 대며 이 전시회를 극찬했다. 나는 그 이유를 분석하고 싶지도 않다. 프라하의 기념비적 전시회장인 루체르나 앞에 장사진은 점점 더 길어졌고 매표소 금고는 가득 찼다. 나는 라디오에서 죽은 후 그렇게 보이길 원하는 사람들이 늘고 있다는 이야기를 들었다. 이러한 유형의 시간증적 노출증이 정신과 교과서에 독자적 병명으로 포함될 수 있을까 하는 생각이 들었다. 나는 이 모든 것을 공개적으로 말해야 할까, 말아야 할까?

지금까지 아무도 이 전시회에 반대하지 않았다. 잘 알려진 대로, 체코인들은 관대하지 말아야 할 것에 특히 관대하다. 단지 전시회에 숨어 있는 인종차별에 의아해하는 사람들이 있었다. 죽은 자들은 모두 중국인이었다. 많은 사람들이 주장하듯이, 정치범 수용소 처형장과 감옥에서 나온 시신인지 아니면 가난 때문에 시신을 파는 사람에게서 산 시신인지는 모르겠지만, 어쨌든 그들은 모두 '중국인'이었다. 미국의 사업가가 공증된 협약서를 제시하라는 제재 없이 이와 비슷한 방식으로 **미국인**을 전시하려 한다면, 그는 끝없는 소송과 재판 절차에 시달릴 것이다. 또한 평생 변호사 비용을 지불하느라 마지막에는 자신의 피부를 어떤 유사한 수집소에 팔아야 할지도 모른다. 나는 이 또한 반대한다고 밝혀야 할까?

이보다 좀 전에 가수 마돈나가 프라하 공연에서 번쩍번쩍 빛나는 십자가에 묶인 채 등장했을 때, 체코의 상류사회는 이의를 제기했다. 지금 그들은 침묵하고 있다. 그때 나는 침묵했다. 대신 마돈나를 위해 기도했다. 주일미사 청원기도 때도 했다. 그 가수에게 자신의 공연에서 암시적으로 등장하는 그 상징을 더 깊이 이해할 수 있는 선물이 주어지기를, 그리고 그녀가 자신의 삶에서 **십자가를 지고 갈** 힘을 주시기를 기도했다. 그리스도는 칼을 잡는 자는 칼로 망한다라고 했다. 어쩌면 십자가도 마찬가지다. 누군가 이 위력적인 상징을 원하는 만큼 효과적으로 가지고 놀면, 아마도 이 실재하고 전혀 반짝이지 않는 십자가가 얼마나 무거운지 알고 깜짝 놀랄 것이다.

상류사회는 어쩌면 마돈나의 사례로 배웠기 때문에 침묵하고 있는지도 모른다. 그들은 그들의 항의가 이목을 끌고 비판적 기업의 방문자 수를 올리는 광고가 되고, 많은 이들에게 사람들이 좋아하는 것에 자꾸 딴지를 거는 까다로운 검열관으로 교회를 세울 좋은 핑계로 작용할 수 있다는 것을 배운 것이다.

그 전시회에 대한 나의 항의도 분명 이런 효과를 낼 것 같았다. 나는 또한 도덕적으로 지적하기 위해 곧게 편 집게손가락이 아니라, 모순되고 비꼬는 유머를 무기로 들고 링 위에 올라야 한다는 것을 알고 있었다. 그렇게 나는 의견을 말했고, 반응은 즉각적이었다.

한 젊은이가 분개하며 인터넷 게시판에 이렇게 썼다. "감히 당신이 그렇게 좋은 전시회를 비판하느냐? 아무도 우리에게 자신의 견해를 갖는 것을 막지 못한다. 아무도 우리에게 좋아할 것과 싫어할 것을 강요할 수 없다." 자신의 분노에서 그가 인식하지 못하는 것이 있다. 그는 자신이 앞서 말한 누구나 한 사건에 대해 자신의 견해를 가지고 표현할 권리를 나에게서 박탈하고 있다. 나는 결코 그를 비롯한 누구에게도 자신의 생각은 물론 자신의 감정, 또한 그것을 표현하는 것에 대해 명령하거나 지시할 의도가 전혀 없다. 누군가 생각을 한다면, 그것은 늘 반가운 일이다. 나는 '전시회를 멈춰야 한다'고 요구하지 않았다. 그것은 운영자의 일이고 법 저촉 여부는 법률가의 일이다. 또한 모두가 나에게 동의해야 한다고 강요하지 않았다. 나는 다만 공개 토론을 열고 싶었다. 그리고 이 사안에 대해 스스로 한 번 고민해 보도록 누군가를 동요시켰다면, 그가 나와 전혀 다른 결론을 내렸더라도 나는 그것으로 만족한다. 나는 내 일을 한 것이다!

분노하는 젊은이에게 동조하는 목소리가 약간 더 큰 듯 보였지만 ― 적어도 잠시 동안은 그렇게 보였다 ― 논쟁은 실제로 시작되었다.

"어떻게 가 보지도 않은 전시회에 대해 말할 수 있느냐?" 하지만 나는 전시회에서 무엇을 볼지 안다. 반대자들이 **그들 마음에 드는 것**을 주장하는 것처럼, 내가 거기에 갔다면 나도 나의 **주관적 감정**에 따른 내 견해를 방문 중에 확신했을 것이다. 무엇이 좋고 무엇이 싫다는 감정을 지닌 사람은 그가 어떻게 자랐는지, 얼마나 예민한지 아니면 최근에 발생한 일, 예를 들어 그 주변에 죽은 사람은 없는지 또는 전시회 직전에 무엇을 먹었는지에 따라 감정이 좌우된다. 그러니 **자신에 대해** 말하는 것이지, 전시회 자체에 대해 말하는 것이 아니다! 물론 누구나 자신의 감정에 대한 권리가 있지만 나는 전시회가 불러일으킬 수 있는 어떤 감정들이 아니라, 시체를 그런 식으로 전시해도 되는지 같은 **근본적인 물음**에 대해 이야기를 하고 싶다.

전시회 주최 측이 이 전시회를 '예술'이라고 주장했다면, 전시회에 반발하는 이들의 입을 다물게 할 수 있었다. 포스트모더니즘은 예술과 비예술, 아름다운 것과 추한 것, 고급과 저급의 경계를 규정할 수 없다고 주장하기 때문이다. 그러나 시체를 예술품으로 국경을 넘어 가지고 올 수 없었고, 영리한 주최 측은 유해를 처리하는 법을 비껴가기 위해 그들의 놀이터를 과학 발전의 장이라고 신고하기로 결정했다. 한 텔레비전 논쟁에서 "이것들은 **몸**이 아니라 **전시물**이다"라며 프라하의 전시회 운영자가 단호히게 내 의견을 정정했다. 나는 그에게 영어를 잘 알지 못하는 관객들을 위해 도처에 걸려 있는 현수막에 쓰여 있는 전시회 제목인 Body를 번역해 줄 것을 청했다.

"전시회는 교육적이다!" 확실히 그렇다. 만일 내가 공개 처형장이나 고문 현장에 있다면 분명 내게 교육적일 것이다. 인간 심리와 인간의 신체적 반응에 대한 일련의 흥미로운 점들을 알았을 것이다. 하지만 그런 의도가 사형이나 고문을 합법화하지는 않는다. 해부학에 대한 지식을 얻고 싶으면 **전시물**이 있는 해부학 박물관에 가면 된다. 그러나 이러한 박물관은 대개 방문객이 없어 텅 비어 있다. 임종과 사망에 대해 **배우고** 싶다면 잠시나마 호스피스나 장기 요양원에서 자원봉사자로 일할 수 있다. 거기에 시체를 보려고 늘어선 장사진은 없다.

매표소 앞에 줄을 선 수많은 사람들은 학문적 관심 때문에 그곳에 몰려든 것이 아니다. 그 매표소에서 어마어마한 돈을 쓸어 담은 이들 또한 이를 너무 잘 알고 있었다. 그들은 또 다른 금기를 깼다며 주목을 끌었다. 그러나 **금기**가 모두 무의미한 것은 아니며, 경계를 넘어서는 것이 모두 좋은 것은 아니다.

"그러나 죽은 사람의 유해를 전시하는 것에 대해 교회가 무슨 말을 할 수 있는가! 교회에서 유리관 안에 놓인 성인을 본 적이 없는가?" 나는 그것을 본 적이 있다. 유명한 일화¹의 대목을 빌리자면, 이 둘을 서로 비교할 수 없다. 나는 성인들의 유물을 좋아하는 열혈 팬이 아니다. 그리고 만약 내가 언젠가 시성된다면, 벌레들의 먹이가 되고 내 수호성인인 토마스 아퀴나스처럼 유해가 곳곳에 흩어진다면 내게 좋은 일이다. 나는 하늘에서 내 몸의 일부가 먼지 가득한 성구 보관실에서 이리저리 옮겨지고, 살아 있었을 때에는 나를 참을 수 없어했을 것이 분명한 노파가 이따금 내 유해에 입 맞추는 것을 보고 언짢아할 것이다. 그럼에도 나는 내가 좋아하는 성인의 관이 모셔진 고요한 경당에서 경외심에 가득 차서 무릎을 꿇곤 한다. 성인은 거기서 얼굴에 가면을 쓰고 수도복을 입고 누워 있다. 우리가 성인의 살갖을 벗겨 배구 경기를 시키고, 고속도로 광고판마다 게시를 한다면, 인기 상품으로 이 도시 저 도시로 끌고 다니며 돈을 받는다면 그것은 정말 다른 일이다. 이러한 사안을 구별하는 것이 정말로 그렇게 어려운 일일까?

"당신은 바로크 양식 성당의 지하 납골당을 본 적이 있는가?" 물론 있다. 나와 그리고 오늘날 그리스도인 대부분의 취향은 아마 바로크 양식과 다르겠지만, 나는 그곳 입구에 적힌 **'죽음을 기억하라!'** (Memento mori)를 읽고 이해할 능력은 된다. '자만심을 버리고 남보다 당신을 높이지 마라. 당신은 우리 모두가 동등하게 되는 자리에 가까이 가고 있다! 흘러가는 시간을 잘 사용하고 선한 의도를 미루지 마라. 이곳에 오는 날 당신은 그 일을 더 이상 할 수 없기 때문이다!' 이것이 바로크식 지하 납골당이 주는 메시지다. 하지만 그 전시회가 주는 메시지는 무엇인가? '보라, 나는 큰돈을 벌기 위해 모든 것을 거스를 준비가 되어 있다. 그리고 일주일 동안 미디어의 관심을 끌었다!'

또는 피상적이고 상상력이 부족한 주최 측의 의도는 차치하고, 이 전시회의 메시지는 더 깊지만 동시에 더 공포스러운 것인가?

텔레비전이나 술집에서 이 전시회에 대해 많이 이야기한다는 이유로 전시회장 앞에 몇 시간 동안 사람들이 줄을 서 있었던 것은 아니다. 죽음의 신비와 그와 관련된 모든 것이 사람들을 매혹시키는 것은 극히 당연하다. 플라톤은 『국가론』에서, 2,500년 후의 전시회를 예상하기라도 한 듯이, '도시 성벽 아래의 수많은 사람들의 시체를 바라보는 사람들의 양가감정'에 대해 썼다. 사람들은 **보아서는 안 된다**는 것을 알았지만, 그 광경은 사람들을 불안하게 하면서도 그들의 흥미를 끌었다. 그 광경이 '그들보다 강하다'.

죽음의 **마력**과 그 속성은 우리가 보아서는 안 되는 비밀스러운 성벽의 문 앞에 죽음을 통해서 서 있게 된다는 데 있다. 모든 인간, 즉 무신론자, 그리스도인, 유다인, 무슬림은 사후에 무슨 일이 일어날지에 대한 그들의 해석을 **믿는** '신앙인'이다. 아무도 그에 대한 실제적 증거도 그에 대한 반박도 제기한 적이 없지만 인간의 호기심은 기다려 주지 않는다. 우리는 죽음과 직접적으로 연관된 모든 것에 갈증을 느낀다. 무의식적으로 우리는 다른 누군가를 위해 열려졌으나 그 뒷사람이 통과할 수 없게 금방 닫히는 문밖으로 새어 나오는 한 줄기 빛이라도 보려고 한다.

어디에나 존재하는 저속한 대중문화 산업이 점차 모든 것을 빨아들여 진부하게 만들고, 신성을 모독하고, 모든 심오한 것을 없애 버리는 세상에서 죽음은 공포가 아니라 경외를 불러일으키는 마지막 신비의 섬일지도 모른다. 보라, 이제 죽음 자체가 대중문화의 놀이공원으로 들어왔다! 두둑한 보수는 싫증 나지 않고, 아이들에게 — 그들은 할인된 가격으로 입장한다! — 동물원 우리에 갇힌 원숭이처럼, 물질만능주의의 부조리함을 증거하는 유리 진열장 안에서 배구하는 죽은 자들을 보여 줄 수 있다. 결국에는 죽음 자체를 우아하면서도 요염한 자세로 그 비밀의 마지막 남은 것까지 탈탈 털어 버리려는 것이 아니라면 죽은 자들의 마지막 남은 품위와 피부를 모두 벗겨 버리는 이 스트립쇼에서 관음증 환자들은 도대체 무엇을 보고 싶어 하는 것인가?

근대 초기의 유물론적 해부학자들이 최초로 공개 석상에서 인간 시신을 조각내면서 영혼을 찾는 이들을 향해 조롱하듯 이렇게 소리쳤다. "여기에는 아무것도 없어요!" 자연과학자들이 그들의 이론이라는 칼과 가위로 우주와 인류의 진화를 부검했을 때, 해부실과 실험

실에서 하느님을 찾는 이들에게 이렇게 소리쳤다. "여기에는 아무것도 없어요!" 타락한 이 서커스 공연장에서 이를 기획한 자들은 발가벗겨지고 모욕당한 죽음을 전시물과 상품으로 바꾸어 놓음으로써 삶과 죽음의 궁극적 의미를 찾는 이들에게 이렇게 소리쳤다. "여기에는 아무것도 없어요!" 아무것도, 아무것도, 정말 거기에는 아무것도 없다!

하느님은 이 세상에서 무無(nichts)이다. 벌거숭이가 벌거숭이를 만나듯이 그분이 인간을 만나기 위해 인간은 그 무無로 축소되어야 한다. 그러나 마이스터 에크하르트여, 당신이 무無를 아무것도 없는 무로 생각했던 것은 아니었다.

❦

두 전시회의 사진들을 보았을 때 '지옥 같다'라고 혼잣말을 했다. 그것은 완벽한 **비인격화**, 탈인격화였다. 바로크적 환상이 그려 내는 것처럼 쉭쉭 소리를 내는 솥, 녹초가 된 영혼, 고문실에서 나오는 비명은 없다. 고요만이 존재한다. 교회나 그리스도교 묘지의 묵상에 잠긴 고요가 아니라, 소통의 총체적 부재다. 이 죽은 자들은 이름도, 얼굴도, 그들의 일생에 관해 기억할 만한 것도 없다. 어떤 의미에서 그것은 실제로 시체가 아니라고 말한 전시회 주최 측이 옳다. 그것은 어떤 개인의 신원을 드러내는 몸이 아니다. 그래서 그리스도교는 '**육신의** 부활'을 주장한다! 그것은 사실 익명의 전시물들이다. 인간에서 전시물이 되었다. 어떤 이에게는 교육을 위해, 어떤 이에게는 즐거움을 위해 교재이자 전시물로 흥미로운 대상이 되었다. 얼굴 없는 몸은 영혼의 표상이기를 포기하고, 아무것도 반영하지 않고 아무것도 말하지 않는다. 정말로 이름도 얼굴도 없이 음흉하게 '발가벗겨져' 여기에 있다. 그 얼굴 없는 몸은 강제수용소의 수용자 번호에 불과하다.

십자가에서 발가벗겨진 몸은 자신의 역사를 지니고 있었다. 이천 년 동안 그 앞에서 묵상했던 사람들이 증언하는 것처럼, 그 몸은 심원한 암시며 그 의미의 풍요로움은 무한하다. 그 몸은 하나의 **이론**, 즉 성부의 신비와 인간 고통의 신비를 찾는 묵상하는 시선을 위해 열린 창문이다.[2] 그 몸이 우리에게 더 이상 아무것도 말하지 않는다면, 다시 말해 우리가 들을 수 없거나 듣고 싶어 하지 않기 때문에 그 몸이 아무것도 말하지 않는다면 십자가를 내리고 치워 버려야 한다는 요구가 커지고 있는 것은 당연하다. 그것이 우리 집 안 한 구석에 예부터 놓여 있던 가구나 '문화유산'의 상징이 되었다면, 또한 다른 사람들에게는 '흉측한 것'이 되었다면 십자가를 떼어 내야 할 것이다. 내가 염려하는 것은 얼굴 없고 이름 없는 몸을 노천으로 끌고 나오는 것이다.

우리 선조들은 성당에서 심장이 꿰뚫린 사람이 달려 있는 십자가 앞에서 '우리 심장이 당신 심장처럼 되게 해 주십시오!'라고 기도했다. 이 타락한 전시를 하는 박람회장과 모든 것을 집어삼키는 영혼 없는 엔터테인먼트 산업이 미래의 성전이 된다면 우리는 아마 또 다른 변화의 위험을 피하지 못할 것이다. 우리가 교체 가능한 전시품, 상품, 가치 없는 선례 같은 **물건**들과 비슷해지기 시작하면서 천천히 그리고 눈에 띄지 않게 **사물**이 되는 일이 일어날 수도 있다.

주

1 유다인 회당에 이런 팻말이 붙어 있었다. '당신이 머리를 가리지 않고 회당에 들어온다면, 그것은 간음한 거나 마찬가지입니다!' 다음 날 누군가 그 팻말 옆에 이렇게 써 놓았다. '나는 둘 다 해 봤습니다. 하지만 그 둘을 비교할 수는 없습니다!'

2 이에 더해서 그리고 '이콘의 신학'에 대해서는 이 책 12장 '베로니카의 베일에 새겨진 얼굴'을 참조하라.

10

아름다운 신부, 가엾은 교회

다시 한 번 마르티노 성인의 이야기를 떠올려 보자. 그는 빛나는 그리스도의 모습으로 위장한 교활한 그리스도의 적을 알아차렸다. 그 형상에는 상처가 없었기 때문이다.

모든 사람에게 존경을 받는 훌륭한 지도자와 신학자 그리고 관리자들과 더불어 자선·정치·문화 영역에서 이론의 여지 없는 공로로 인해 빛나는 성공하고 매우 영향력 있는 교회, 그림자도, 오점도, 흠도, 고통스러운 흉터도 없는 교회를 만난다면 나는 소스라치며 도망칠 것이다. 나는 그것이 악마의 속임수라고 확신한다. 내가 그러한 교회를 갈망하게 된다면 나는 구마기도부터 할 것이다. 공동체 구성원 모두가 겸손과 거룩함으로 가득 차고, 어느 누구도 분노를 살 일을 하지 않는 복음적인 가난한 교회, 그렇다, 그 아름다운 신부, 성경에서 읽은 '어떠한 흠도 없이 거룩하고 나무랄 데 없는 교회'(에페 5,27 참조)를 만난다면, 이번에는 나는 지옥의 분장사들이 더 많이 노력했음을 인정할 것이다. 나는 "당신의 상처들은 어디 있는가?"라고 묻겠다. 우리의 인간적 약점, 죄 그리고 얕은 믿음의 모든 표지가 어디에 있는가? 하느님이 당신 말씀의 씨앗을 뿌렸고 인간을 빚어냈던, 늘 먼지투성이고 진창인 인간의 대지는 어디 있는가? 당신 말씀을 보내 당신 아들이 **살이 되게** 했고, 이로부터 또한 **신비로운 몸**을 만들었던 영원히 불결하고 난잡한 대지 위에 교회는, 당신과 나와 같은 인간은 어디에 있는가? 우리가 그리스도와 그의 연인인 교회에 대해 지켜야 할 신의의 본질은 어쩌면 **인내**가 아닐까? 인내는 우리에게 약속한 바와 같이 시간의 끝에서가 아니라 지금 여기에서 '거룩하고 나무랄 데 없는 교회'를 보고 경험할 것이라는 헛된 약속에 저항할 힘을 주지 않는가?

십자가에서 성자의 신성을 숨겼던 것처럼, 성부의 신성 또한 성금요일의 어두운 침묵 속에서 숨길 수 있듯이, 하느님 교회의 진위는 우리 인간의 앙가성 속에서 영원을 향한 문턱에까지 숨어 있을 것이다. 이곳에는 인간적인 교회, 인간이 비인간적일 수 있는 것처럼 때로는 인간적이고 가끔은 비인간적인 교회, 늘 **상처 입고 상처 입히는** 교회가 있을 것이다.

우리는 교회가, 적어도 우리 시대에는 더 이상 상처받지 않기를 바랄 수 있다. 교회는 로마의 원형경기장에서, 진보주의와 인도주의 지식인들의 단두대 아래서, 사회주의와 공산주의의 집단 수용소와 처형장에서, 멕시코, 스페인, 러시아, 중국, 캄보디아 또는 쿠바 혁명에서 많은 상처를 받았다. 우리는 교회가 더 이상 자신의 아들과 딸들을 다치게 하거나 죽이기를 원치 않는다는 것을 확신할 수 있으며, 그리고 세상은 다행히 실패한 일련의 밀약을 통해 권력과 동맹을 맺었던 시대에 했던 것처럼 — 다행히 앞으로 불가능한 — 선동을 일으킬 것이다.

당신과 나 같은 사람에 의해 만들어지고 당신과 나 같은 사람이 가득 찬 이 세상 한가운데 있는 참된 그리스도교는 늘 어떤 방식으로든 상처 입고 또한 상처를 줄 것이다. 이러한 이중적 형태의 상처는 분명 가능하다. 참된 그리스도교는 화려한 자주색과 진홍색 옷을 차려입고, 진주로 치장하고 화장을 하고, **사탄과 성도**들의 사치품 상점에서 누가 봐도 완벽한 향수를 뿌린 대탕녀 바빌론과 구분된다. 그렇다, 이러한 이중 형태의 상처에서 우리는 **최후의 시간**에 우리에게 약속된 빛나고 흠 없는 형상과 지금 여기 세상과 현대사의 굽이진 길을 걸어가고 가끔 넘어지기도 하는 참된 오늘의 교회를 구분할 수 있다. 지옥이 존재할 수 있다는 것을 알면서도, '최후의 순간이 오기 전', '지금 우리 시대'에 그 미래가 이미 왔다고 우리를 미혹하는 가장 아름다운 환상조차 실제로는 우리 시대의 애처로운 풍자화일 뿐이다.

교회가 주고 또한 받는 상처들은 대부분 같은 상처가 아닌가? 사제 스캔들을 예로 들어 보자. 이는 분명 유일하거나 오늘날 가톨릭에서 제기되는 공개된 상처 중에 가장 최악의 상처는 아닐 것이다. 그러나 대중매체의 관심을 반영해 본다면 이는 분명 오늘날 가톨릭에서 가장 눈에 띄는 상처다. 그러므로 그런 이들의 행동을 통해서 교회가 상처를 입고 동시에 입힌다는 것은 명백하다. 교회는 그러한 행동으로 인한 희생자들에게 상처를 준다. 또한 논리적 측면에서만 상처받을 수 있을 뿐 교회는 흠이 없어야 한다는 비현실적인 기대와 불가능한 요구를 하는 사람에게도 상처를 준다. 교회는 이 사람들의 신뢰와 확신에 대한 정당한 기대에도 상처를 입힌다. 체코 속담에 이런 말이 있다. **"당신은 물을 설교하면서 포도주를 마시면 안 된다."** 달리 말하면, '당신은 좋은 포도주를 보관하고 있을 거라고 당연히 기대하고 있는 사람들에게 더럽고 독이 든 물을 따라 주어서는 안 된다'는 말이다.

이런 몇 마디로 교회의 잘못을 바로잡으려는 노력을 단념하라고 요구하는 것은 결코 아니다. 교회 비판가들이 제시하는 실수 목록을 나의 직접적인 경험으로 더 길게 덧붙일 수도 있다. 나는 많은 시민운동과 일련의 갈등에서 교회는 '항상 개혁되어야 한다'(semper reformanda)는 아우구스티누스의 요구를 진지하게 받아들이고 있음을 조금이나마 보여 주었다. 그럼에도 나는 이 작업이 이 세상, 이 시대(saeculum)에 가시적인 성공을 이룰 수 있을 거라는 순진한 생각과 위험한 광신적 유토피아를 경계하라고 말한다.

우리 체코인은[1] 한 지역 출신이며 후스파 혈통 출신이다. 적어도 부분적으로, 체코인들의 종교적 현 상태는 어쩌면 후스파 열광주의의 뒤늦은, 그리고 상당히 역설적인 열매가 아닐까? 좀 다른 의미에서 보자면, 그 열광주의를 관습적으로 해석하여 형성된 결과물이 아닐까? 종교에 대한 실망, 배교, 무관심은 종종 과도한 기대와 비현실적 노력과 신앙의 종말론적 인내로 정화되지 않은 사랑과 열광과 열정의 결과의 이면이 아닐까?

사춘기 때 나는 얀 후스에게 푹 빠졌다. 후스는 내 영웅 목록 첫 줄에 있었을 것이다. 그들은 놀랍도록 공통점이 많았다. 나의 영웅들은 결코 전사나 정복자가 아니었다. 그들은 오직 자신의 양심에 의지하여 혼자서 다수에, 여론에, 권력에 맞섰다.

가정교육 덕분에 나는 결코, 아마 단 한 순간도, 공산주의 이념에 사로잡히지 않았지만, 그때 나는 공산주의 무신론이 선전하며 만들어 낸 후스의 표상을 순전히 **선의로**(bona fide) 흡수했다. 후스는 가톨릭에 맞선 투사였다. 나는 정말 아무것도 모르고, 직접 겪은 경험으로는 아는 것 하나 없이 사춘기 몇 년 동안 가톨릭을 극도로 싫어했다. 그래서 아마 나는 지금 나와 같은 연배의 사람들과 이 나라 사람들이 가톨릭에, 더 정확히 말해 무비판적으로 받아들인 **가톨릭에 대한 그들의 생각**에, 가톨릭에 대한 모든 것에 분노하고 있다는 것을 더 잘 이해할 수 있는 것 같다. 나도 사춘기 때 이러한 단계를 거쳤다.

여러 해가 지난 후 나는, 후스가 **자신의 교회**, 즉 가톨릭을 **미치도록 사랑했고**, 가톨릭에 대한 사랑으로 개혁을 위한 모든 비판적인 노력을 기울였으며, 이것이 진실로 그의 개혁 의지의 원동력이었다는 것을 알게 되었다. 그에게 다른 교회는 없었고 그는 결코 다른 교회를 세울 생각이 없었다. 그는 도덕적 흠결이 없고, 그의 시대에 교회의 빵집에서 특히 늘어났던 '바리사이들'(위선자들)이라는 누룩이 없는 아름다운 교회에 대한 종말론적 비전에 열정적으로 빠져들었다. 이러한 비전을 위해 후스는 지독하게 싸웠고, 고난을 받았고 죽었다. 후스를 공의회로 소환했던 사람들의 전통이 우리를 속여서 진실이라 믿게 하려 했듯이, 콘스탄츠공의회까지 가는 그의 수난 길은 분명 모호하고 명백히 옳지 않았던 것이 사실이다. 그의 비전은 당시 유럽의 다양한 관념, 정치권력, 대학, 국가 그리고 교회의 이해관계 사이의 복합적 갈등으로 불행하게 얽힌 부산물이었다. 후대에 그를 따르는 추종자들과는 달리, 그에게 흠 없는 교회의 비전은 결코 죄지은 자들이나 무죄한 자들의 피를 흘리게 하는 증오의 쇠망치가 아니었다는 것을 사람들은 알아야 한다.

어린 시절 후스에 대한 열광이 끝나고, 가톨릭으로 개종한 지 한참 지나 나는 가톨릭 내에서 얀 후스가 더 큰 존경을 받아야 하고, 당대의 교회가 그에게 저질렀던 폭력은 오늘날 교회가 분명하게 평가받아야 한다는 데 많은 시간과 노력을 기울였다. 수년 동안 상당한 진척이 있었고 나노 작으나마 기여할 수 있었다 그러나 오늘날 후스가 교회에 의해 '복권'(이 맥락에서는 어폐가 있고 오해의 소지가 있는 단어다)되어야 할 뿐 아니라 성인품에 올라야 한다는 말을 들을 때 약간 복잡한 생각이 든다. 후스의 의도는 의심의 여지 없이 순수하며 그의 노력 또한 거룩한 동기에서 출발한 것이지만, 바로 이 때문에 그가 특정 '이단'의 덫에 빠진 것은 아닌지 모르겠다. 어쩌면 교리상의 이단 — 이에 대한 판단은 중세 신학 전문가들에게 맡긴다 — 이 아니라 '도덕적 이상주의의 이단'에 빠진 것은 아닐까? 이 이단은 보통 사람들은 위협하지 않고 소수의 최고의 사람들만 유혹한다.

더 나아가, 후스가 선의로 이 이상주의의 바이러스를 신앙에, 체코 문화에, 사회의 영적 유기체(이런 것이 있다면)에 전파한 것은 아닌지 묻지 않을 수 없다. 후스는 곧 '체코공화국의 원형'으로 급부상했고, 체코인들이 보여지길 원하는 모습이 투영되어 많은 이들의 존경을 받는 우상이 되었다. 나는 '국민성'이라는 허상을 믿지 않지만 특정한 도덕적 분위기, 공동의 기억 그리고 전통적 가치의 유대가 존재한다고 생각한다. 이것은 역사의 흐름에 따라 당연히 변화한다. 많은 동기가 사라지고, 또 다른 동기가 등장한다. 오늘날에는 말할 것도 없고, '우리는 후스파의 민족이다'라는 진술이 당시 정치 사설에 쓰였을 때 우습고 공허한 문장에 지나지 않았지만, 너무나 다양한 변주가 있었던 우리 역사의 교향곡에서 '후스의 주제'는 반복적으로 등장한다. 우리 문화에서도 발견한 풍자적이고 민중적이며 그리고 하셰크의 소설 『용감한 병사 슈베이크』에서 가장 분명히 드러나는 다소 냉소적인 분위기는 바로 이 '도덕적 이상주의'의 열정에 대한 본능적 방어다.

도덕적 이상주의와 그 결과로 나타나는 도덕적 엄숙주의, 과도한 기대들과 너무 엄격한 요구들은 종종 실망, 혐오와 체념으로 이어진다. 오로지 최고이고자 하는 사람은 종종 선善의 가치를 인정하지 못한다. 오로지 이상적 배우자를 얻으려 하는 사람은 실제 자기 자신의 가치를 인정하지 않는다. 그리하여 좋을 수 있는 관계가 끊임없는 비난과 실망의 지옥이 되고 결국에는 십중팔구 헤어진다.

체코인들은 필연적으로 교회는 이상적이지 않기 때문에 아무런 쓸모가 없다고 조급하게 결론을 내려야 했다. 그리하여 수준 높은 후스의 요구를 교회뿐 아니라 정치권에도 제기했다. 나는 어떤 근본주의적 요구와 원칙을 무비판적으로 받아들이거나 아예 포기하라고 충고하고 싶지 않다. 그런데 선술집에서 모든 것에 불평불만을 쏟아내고 모두가 다 똑같이 나쁘며 민주주의에 대해 비판만 하는 소리를 들을 때마다 당황스럽다. 우리는 이러한 불평들을 민주제였던 체코슬로바키아 첫 번째 공화국의 언론에서 발견할 수 있다. 그때의 불만은 오늘날의 대중매체가 하는 말과 거의 동일한 듯하다. 전쟁 직후 몇 년 동안 체코인들에게서 자유와 민주주의가 조금씩 박탈당할 때, 1950년대 초반 (그러니까 거의 반세기 동안) 아무것도 남아 있지 않을 때까지 체코인들이 거의 저항하지 않았다는 것이 아직도 놀라운가? 전체주의 시대의 민주주의와 교회에 대한 선입견, 비방 그리고 증오의 다양한 잔재들이 공산주의와 분명하게 거리를 두었던 사람들은 물론이고 많은 이들의 머릿속에 오늘날까지 남아 있다는 것이 놀라운가? 민주주의와 교회에 늘 존재했고, 존재하고, 앞으로도 존재할 명백한 모든 잘못은 원래 체코인들이 싸잡아 비난하기 좋은 주장이며 그리하여 부정확하고 부당한 판단에 기여한다는 것이 놀라운가?

❧

내가 외부 세계와 단절한 채 수도원에서 고요를 즐기는 동안, 고향에서는 교회 재산, 이를 테면 프라하의 비투스 대성당 등의 소유권 상환을 두고 격렬한 논쟁이 진행되었다. 유감스럽게도 이러한 논쟁은 즉

각 하느님, 신앙 그리고 교회라는 개념들과 연계되어 체코 사람들의 머릿속에 잠입하는 데 성공했다. 이 개념들은 서로 완전히 다르며, 더욱 심오하고 학문적인 물음과 사고방식에 열려 있어야 하는 중요한 문제이기에 나는 이 논쟁에 개입하지 않고 어떤 논평도 하지 않기로 굳게 결심했다. 우선 나는 교회의 경제적 및 법적 보장에 대한 물음에 답할 수 있는 전문 지식이 없다. 둘째로 소유권 주장이 체코 교회가 관심을 갖는 유일한 것이 아니라면, 그것을 우선적으로 주장하는 이들과 한패가 되고 싶지 않다. 그리스도의 상처를 묵상하며 잠깐 그리스도의 교회의 상처에 대해 말하는 이 장에서 이 문제를 짧게 언급하는 것으로 실제적인 해결책을 제시할 수는 없다. 오히려 이 논쟁에서 나는 하나의 예시를 본다. 나는 이 논쟁이 종말론적 신부新婦라는 교회의 이상적인 표상과 우리 여정에서 먼지로 더럽혀지는 것을 받아들인 순례자라는 교회의 실상 사이의 혼란을 보여 주는 예라고 생각한다. 체코 교회가 이 격앙된 논쟁에서 불필요한 상처를 많이 입었고, 어쩌면 원하지 않았고 의식하지도 않았지만 증오와 분노를 초래한 것은 유감이다.[2]

나는 교회의 모든 재산과 권력이 빼앗겼을 때 가톨릭으로 개종했다. 그리고 나는 이 교회를 사랑했다. 교회 안에서 사제로서 사제의 일을 하면서 오랫동안 어떤 식으로든 돈을 받지 못했을 뿐 아니라 언젠가는 달라질 것이라고 상상도 하지 못했다. 그리스도는 사도들에게 아무것도 지니지 말라고 이르고는 그들을 파견했다. 첫 번째 전교 여행에서 돌아온 후 사도들에게 그리스도는 이렇게 물었다. "부족한 것이 있었습니까?" 오늘날 그리스도께서 나에게 지난 시간에 대해 같은 질문을 한다면 나는 "부족한 것이 없었습니다"라고 대답할 것이다. 나는 아마도 부유하고 힘 있는 교회를 갈망하는 마지막 세대일 것이다. 그러나 나는 우리가 낭만적 환상 속에서 지하에 묻힌 교회의 황금기를 계속해서 되돌아볼 수 없다는 것을 분명히 인식할 만큼 현실주의자다. 나는 교회가 자신의 사명을 위해 그리고 상대적으로 발전되고 부유하고 민주적인 나라에서 완전히 달라진 교회의 위상에 직면하여 무언가 다른 경제적·법적 전제 조건을 마련해야 하고, 결국 우리나라에서도 이러한 문제에 대해 진전이 필요하다는 것을 알고 있다.

하지만 신학자는 도대체 자기 주장의 근거를 성경의 어떤 문장에 두고 이 질문에 대해 말할 수 있을까? 극단적인 무신론자들은 이 논쟁에서 **교회는 가난해야 한다**며 끊임없이 '성경'을 '인용한다'. 따라서 국가는 교회에 아무것도 '주어서는' 안 된다고 촉구한다. 그러나 성경에는 그런 말이 없다. 예수는 '가난이 영을 소유한' 가난한 사람은 복되다고 했지만, 그는 교회와 국가 사이의 관계를 해결하거나 교회 활동을 위한 자금 조달에 대한 어떤 구체적 지침을 남기지 않았다. 또한 예수는 국가가 교회에 돈을 지불해야 한다고 경고하지 않았던 것처럼 국가가 교회 재산을 몰수하고 몰수한 재산을 돌려주지 않아도 된다고 가르치지 않았다. 누군가 교회에서 가난한 그리스도를 따르고 그분의 말씀에 따라 자신의 전 재산을 가난한 사람들에게 나눠 주려 한다면, 그것은 칭찬받을 만하고 선하고 유익한 일이다. 그러나 **그것은 개인의 일**이지 국가의 일은 아니다. 국가의 책무는 교회 또는 시민들의 단체가 계속 가난하도록 '보장해 주는' 것이 아니다. 정반대다. 국가의 책무는 성별, 인종 또는 종교에 상관없이 가능한 한 모든 국민이 최대한 번영할 수 있게 돌보는 것이다.

가난한 이들이 복되다는 참행복 선언도, 사도행전이 언급하는(사도 4,32-35 참조) '사도적 공산주의'에 대한 묘사도 해결책의 단초가 될 수 없다. 임박한 세상 종말과 종말론적 신부로 상징되는 교회에 대한 헛된 기대 속에서 초기 예루살렘 공동체의 원형이 아주 잠깐 존재할 수 있을지는 모르겠지만 말이다.

여기서 나는 오히려 **'걱정하지 마라!'**라는 말이 중요하다고 생각한다. "무엇을 먹을까? 무엇을 마실까? 무엇을 입을까? 하며 걱정하지 마라."

내가 이성을 잃었나? 어쩌면 약간 그런지도 모르겠다. 나는 적어도 입법자들에게, 그들이 그리스도인이든 아니든 그들이 개인적으로 교회와 어떤 관계에 있든지 상관없이, 그들은 이 문제의 공정하고 올바른 해결을 위해 노력해선 안 된다고 요구하지 않는다. 정반대다. 이 문제는 아무도 그들에게 물을 수 없는 도덕적·정치적 책임이다. 나는 주교들이 자격이 있는 전문가들의 도움으로 발생할 수 있는 모든 상황에 대응해 해결책을 찾는 것을 그만두어야 한다고 요구하는 것이 결코 아니다. '하느님의 집'을 좁게 정의하여 영적 관점에서만 돌보는 것이 아니라 이 문제는 그들이 **가장 우선적으로** 보살펴야 할 의무이기 때문이다. 그러나 이런 일에 책임을 지고 해결해야 하는 사람들은 **겁을 먹고** 예민하고 불안해하며 대응해서는 안 된다. 그러면 실수가 발생하고, 때로는 공격적이고 서툴게 처리하고, 나아가 정말로 **비 그리스도교적**인 행동과 태도가 나올 수 있다.

'걱정하지 마라'의 의미는 어쨌든 이 분쟁은 끝날 것이고, '잘될 거다' 또는 '잘될 수 있다' — 물론 잘못될 수도 있다 — 그리고 어떤 상황에서든 그럴 것임을 아는 것이다. 일이 다 끝난 것처럼 두 손 놓고 수동적으로 기다리라는 의미가 전혀 아니다. 그 반대다. 선을 선택하고 **가능한 한 모든 경우**에 악의 위험을 최소화하도록 깨어 있고 준비해야한다. 다양한 문제들이 등장할 수 있고, 그에 대한 우리의 대답도 달라져야 하기 때문이다.

교회가 가까운 미래에 상대적으로 더 안정된다면 이는 분명 장점이 될 것이다. 교회는 사회에 유익하고 중요한 일들을 많이 수행할 수 있기 때문이다. 하지만 교회가 자산을 잘 운영하는 법을 배우지 않으면 매우 나쁠 수 있다. (이전에는 교회가 꽤 잘할 수 있었지만 두 세대 넘게 이를 연습할 기회가 없었다.) 교회가 개선주의에 휩싸이거나, 오늘날 도처에서 나타나는 부정하고 부패한 재산 거래를 노골적으로 따라 한다면 더욱 끔찍할 것이다. 교사들 또는 보이스카웃 지도자들 중에도 있듯이, 우리는 사제들 중에서 소아성애자와 마주치게 되고, 사회에서처럼 어느 박해 시대든 교회에서 배신자와 첩자들을 보았다. 이처럼 교회에서 교회 재산과 관련하여 부패 사건이 일어날 것임은 자명하다. 어쩌면 그러한 경우가 너무 많지 않다는 것이 중요하다. 이러한 사실에 충격 받은 사람은 도덕적 이상주의 이단의 희생자가된다. 그는 자신의 도덕적 해이나 체념, 또는 교회를 떠날 핑계를 여기서 찾는다. 하느님이 그에게 당신과 나 같은 인간에 의해 만들어진 세속적이고, 상처받고, 불결한 교회를 준 이곳에서 그는 천상의 교회를 가지려 한다.

교회가 이 사회에서 계속 활동하기 위해 문명화된 세상에서 관행으로 행해지는 필수적인 지원을 받지 못한다면, 예를 들어 국가가 압수한 교회 재산을 돌려받지 못한다면 교회는 유지될 수 없다. 현재 체코 신자 대부분은 사회적 약자층에 속하므로 교회가 자체적으로 교회 활동에 필요한 충분한 자금을 '추가로' 조달한다는 것은 불가능하다. 그리고 교회가 이 단순하지 않은 도전에 어떻게 대처하는가에 따라 좋을 수도 있고 나쁠 수도 있다. 교회는 사회 주변부에서 근근이 살아갈지도 모른다. 그리고 그것이 '우리는 아무것도 할 수 없다'는 체념으로 이어진다면 분명 더욱 나빠질 것이다. 교회가 신앙의 힘으로 완전히 받아들이고, **그리스도 십자가의 힘에서 나오는 약함**으로 살아갈 창조적인 방법을 모색하기 시작한다면 좋아질 수도 있다. 교회가 사회의 주변부에서 불공정하게 취급당했다고 느끼지 않고 교회의 상황을 진지하게 받아들인다면, 그리고 솔직하고 양심적이고 신학적이고 영성적인 성찰의 도움을 받아 이 상황을 '시대의 징표'와 진정한 도전으로 이해한다면, 교회는 이 상처로부터 다른 이들을 구원하는 능력을 얻을 수 있다. '풍요로운 사회'에는 자신의 생활양식에 대한 믿을 만한 대안과 자신의 안녕과 이상을 대면해 보여 줄 비판적 거울 또한 필요하지 않을까? 그리고 우리 주변에 있는 가난한 사람들에게(마태 26,11 참조) '풍요로운 사회'에서 부유한 이들의 자선과 완벽하게 조직된 자선사업, 이른바 인적 접촉과는 전혀 다른 것이 필요하지 않을까? 이런 것들은 가난을 단순히 물질적 안정 측면에서만 생각하지 않는 가난한 사람들에게는 단순히 호의로 보일 수 있다.

'주변부 교회'에 있을 수 있는 변종은 사회 전체에도 득이 될 것이 없다. 이 빈 공간에 '과학적 무신론'(이렇듯 인간은 참으로 '불치의 종교적 피조물'이다)이 아니라 문제 많은 이단을 포함하여 '대체 종교'가 그 자리를 차지하기 때문이다.[3] 그러나 교회 자체를 위해서 이러한 상황은 확실히 새로운 기회를 제공할 수 있다.

나는 어떤 조언을 할 수 있을까? 깨어 있자, 기도하자, 성찰하자, 우리가 할 수 있는 일을 하자. 하지만, **걱정하지 말자**! 그날의 걱정은 그날로 족하다.

'그리스도적 생활 방식'의 근원적 형태와 특성은 가난 자체가 아니라, 개방성과 유연성일 것이다. 또한 바오로 사도의 말씀과 모범에 **따라 충만하게 그리고 또한 가난히게 사는** 기술일 것이다. 교회로서 그리고 개인으로서 우리에게 생명(하느님 자신)을 주는 상황으로 받아들이고 변화시키는 기술이다.

❧

나는 교회에 대해 생각할 때마다 머릿속에 성경의 이 말씀이 떠오른다: 우리는 이 지상에서 우리에게 맡겨진 보물을 '질그릇 속에'(2코린 4,7 참조) 가지고 있다. 아름답고 흠 없는 신부인 교회는 우리에게 종말론적 약속이다. 그러나 미래를 볼 수 없는 것처럼, 하느님을 볼 수 없는 것처럼, 여기서는 교회를 이러한 모습으로 볼 수 없다. 그럼에도 나는 자주 루터에게 묻곤 한다. 하느님에 대해 그렇게 훌륭하고, 심오하고, 용기 있는 단어를 쓰고, 하느님에 대해 '반대되는 것 아래'(sub contrario), 즉 약함 속에 강함을, 추함 속에 아름다움을, 죄 속에 거룩함을 감추신다고 역설로 표현한 루터가 교회, 다시 말해 추악한 '교황의 교회'에 대한 거부를 실제 행동으로 표출할 때는 왜 동일한 '해석학적 열쇠'를 사용하지 않았을까? 그러한 상황과 시대에 살지 않은 우리가 누군가를 어디까지 판단할 수 있을까? 우리가 교회사를 연구할 때, 특히 후스나 루터 시대에 대해서도 때론 이렇게 고백해야 한다: 모든 추문과 흠결에도 우리 시대 교회에 대해 하느님께 감사드린다! 우리 시대 교황에 대해 하느님께 감사드린다. 또한 수년 동안의 고통을 겪으면서도 그리스도와 교회에 대한 신뢰를 증명한 사람들을 우리 인생에서 만날 수 있었다는 것에 감사한다. 그들은 자신의 피와 상처를 증거로 그들 교회의 가장 신뢰할 수 있는 측면을 보여 주었다.

　이 세상의 현실과 이따금 이 '현실' 속으로 너무 깊이 들어간 것처럼 보이는 교회와 교회가 약속한 아름다움을 아주 잠깐 흐릿하게 비춰 주는 '보이지 않는 교회'의 현실은 교회 구조와 교리문답서에 있지 않다. 물론 이러한 것들은 필요하다. 또한 많은 이들에게 교회의 현실은 전례와 성사의 상징에 숨어 있는 아름다움과 힘이 아니다. 오히려 널리 알려져 있지 않고 시성되지 않은 **성인들에게 있다**. 특히 그 상처에 증인과 순교라는 **순교자**의 의미가 결합되어 있는 사람들에게 있다. 그들은 그리스도 신부의 고귀한 아름다움이 공허하고 기만적인 약속이 아니라는 것을 증명한다. 그들을 통해 교회의 현실이 우리의 것으로, 더 낮은 곳으로 파고든다. 그들을 통해 종말론적 미래는 현실의 두려움과 염려에 희망을 안겨 준다. 이 성인들 없이 우리는 무엇을 할 수 있을까? 목적지인 결혼식 연회장에서 흘러나오는 희미한 음악 소리를 듣고 아주 잠깐이라도 기운을 얻지 못한다면 우리는 우리의 여정을 인내할 수 있을까? 혹은 훌륭한 농장주이자 노련한 포도주 주조가인 하느님이 그 순간을 위해 빚어 보관하고 있는 포도주 향을 아주 잠깐이라도 맡지 못한다면 우리의 여정을 감내할 수 있을까?

🌿

'교회 밖에는 구원이 없다!'(Extra Ecclesiam nulla salus!) 키프리아누스의 이 말이 나를 얼마나 피롭혔던가! 교만하고 거만하게 들리는 이 말에 얼마나 저항했던가! 나는 이 말과 나를 교회로 이끌었던 교회에 대한 전혀 다른 시각과 타협할 수 있을까? 제2차 바티칸공의회의 가르침은, 교회는 **모든 인류와의 일치**의 성사(상징, 약속인 동시에 도구)이며, 따라서 **모든 사람**이 이미 **어떤 식으로든** 교회에 속한다고 제시한다.

공의회는, 우리는 '모든 인간이 자신의 신앙뿐 아니라 인간 실존을 통해 그리스도와 연결되어 있다고 믿는다'는 것을 근거로 육화에 대한 가르침을 진지하게 받아들였다. '영속되는 육화'인 교회, 신비로 가득 찬 그리스도의 몸인 교회, '온전한 그리스도'(Christus totus)인 교회는 **신비로운 방식**, 다시 말하자면 개인이 '밖에서' 규명할 수 없는 방식으로 **모든 인간을 끌어안는다**. 최후에, 종말론적이고 세상 끝 날의 미래에 모든 이와 모든 것이 그리스도 안에서 일치될 것이라는 표징으로서 교회는 이미 모든 이에게 손을 내밀고 교회의 가시적(제도적) 경계 밖에 있는 모든 이에게도 열려 있다. 이 가르침을 통해 교회는 교회를 거부한 이들에게 교회의 태도를 받아들이라고 순진하게 요구하지 않고도 그들과 형제적으로 하나 될 수 있다는 것을 알았다.[4]

정교회 신학자인 파울 에브도키모프는 '우리는 어디에 교회가 있는지 알고 있지만, 교회가 어디에 없는지, 교회의 **진정한** 경계는 어디에 있는지 알지 못한다'라고 썼다. 바로 이 표현이 단번에 키프리아누스의 말을 이전과는 완전히 다르게 받아들이게 해 주었다.

'교회 밖에는 구원이 없다!'라는 말은 '어디에 구원이 있는가 또는 없는가'라는 물음에 대한 응답이 아니라, '어디에 교회가 있는가 또는 없는가'라는 물음에 대한 응답이다. 교회는 '부정신학'의 정신으로 응답한다. 하느님이 활동하지 않는 곳, 당신의 구원 사업을 수행하지 않는 곳에 교회는 없다. 하느님은 인간을 구원하는 당신의 근본적인 사업을 행하는 곳에 있다. 그러니까 그분은 언제나 어디서나 구원을 베푸시므로, 역사 전체에서 '어떤 식으로든' 교회는 **있다**. 쉽게 말하자면, '지옥에만 교회가 없다고 확실히 말할 수 있다'. '저승의 세력도 교회를 이기지 못할 것'(마태 16,18 참조)이라는 그리스도의 약속을 교회가 받았기 때문에, 우리는 교회가 이 개방성에 대한 사명을 결코 포기하지 않기를 희망한다.

내가 정신적 고향을 찾고 있을 때, 지하로 내몰리고 강제로 사회적·지적 세계뿐 아니라 남아 있는 그리스도 세계와 단절된 지하 교회에서 그것을 발견했다. 그때 내게는 나의 새로운 정신적 가족이 교만하거나 두려움으로 가득 찬 폐쇄된 종파가 아닌지 아는 것이 중요했다. 마찬가지로 이 가련한 교회가 전 세계로 뻗어 가는 가톨릭교회일 뿐 아니라 다채롭고 풍요로운 전체 그리스도교 조직의 작지만 필수적인 구성 요소인지 아는 것도 중요했다. 교회 가족 안에서 내가 아우구스티누스나 로욜라의 이냐시오, 파스칼 또는 마더 데레사 같은 사람들과 '동족'이라는 것도 중요했다. 더 나아가 교회의 신비로운 개방성을 통해 교회 공동체 안에서 신비롭지만 실제적인 방식으로 어쨌든 플라톤이나 노자, 또한 '무신론자 중에 가장 경건한' 니체처럼 하느님과 씨름하는 사람과 내가 연결되어 있다는 것을 아는 것이 중요했다. 단지 '인류'라는 육체적 개체라는 범주 안에서뿐 아니라 '교회'라는 살아 있는 성신직 유기체 범주 안에서 내가 그들에게 속해 있음을 아는 것이 중요했다.

지금은 다양한 근본주의자들이 교회와 종교 사이의 경계를 다시금 강화하고 종교 공동체를 더욱 요새화하고 무장한 단체로 만들고 싶어 하는 시대다. 이러한 오늘날 그 **개방성에 아름다움이 존재하는** 교회의 형언할 수 없는 신비를 체험하는 일이 필요하지 않은가?

순교자들이 그들 시대에 '세상'과의 타협을 통해 믿기 어려운 방식으로 교회의 종말론적 진실을 드러냈듯이, 오늘날의 교회가 여러 면에서 관대한 사랑을 할 능력이 부족해 **상처를 주긴 하지만** 위대한 일치를 향한 열정으로 신념과 마음이 열린 이들에게 교회의 **아름다움**은 분명히 드러난다. 그들은 모든 생각과 행동으로 그들이 속한 교회가 두려움에 가득 찬 폐쇄성에서 벗어나 예수가 우리를 해방시켜 데리고 간 자유로 이끌기를(갈라 5,1 참조), 그분의 관대하고 모든 것을 품는 사랑을 따르기를 요구한다. 이러한 노력으로 그들은 우리 모두가 마음속에서 은밀히 갈망하는 일치의 **성사**(상징, 약속인 동시에 도구)보다더 깊고 더 믿음직스러운 예수 그리스도 교회의 증인이 될 것이다.

주

1 이 장에서 체코인들과 체코 교회의 관계에 대해 찾아볼 수 있긴 하지만 이는 다른 나라에도 흥미로운 주제다. 상처, 무관심, 무관심하지 않기의 다양한 형태는 분명 민족적·문화적·정치적 발전에 달려 있다. 한편으로 20세기와 21세기에 모든 국가와 문화의 깊은 곳에 자리 잡은 흐름이 나타난다.

2 이 글을 쓰는 순간(2008년 8월) 체코의 상황을 설명해야겠다. 체코는 현재 원칙적으로 두 가지 가능성 앞에 있다. 하나는 체코 정부가 최근에 발의된 법률을 받아들여 교회 재산 일부를 상환하고 나머지는 장기간에 걸쳐 서비스 형태로 상환하는 것이고, 다른 하나는 정부가 계속해서 모든 의무를 이행하고 교회의 모든 활동을 보호하는 것이다. 즉, 정부가 소유 재산을 몰수할 때 맡았던 책임을 이행하는 것이다. 세 번째 가능성은 아무것도 주지 않고 아무것도 배상하지 않고 교회를 '굶겨서 지치게 만드는' 것이다. '비열한 자를 타도하자'라는 볼테르의 정신을 따라 극단적 청원서가 의회로 쏟아지고, 신문의 칼럼과 독자 편지에는 이 세 번째 대안을 지지하는 글이 넘쳐 난다. 그러나 이 가능성은 실제적으로 고려의 대상이 아니다. 이 때문에 체코공화국은 법치국가 명단에서 제외될 수 있고, 국제사법재판소가 존재하고 문명화된 세계가 상호 연계되어 있으므로 이는 실행될 수 없다. 첫 번째 해결책을 반대하는 이들은 인플레이션을 포함하여 60년 동안의 총 보상금과 신뢰할 만한 심리적 충격도 예상해서 대중에게 계속해서 숫자를 공개한다. 정부가 '관대하게' 이 돈을 교회에 '베푼다'라고 말하길 좋아하는 시민은 이 돈으로 500ml 맥주를 몇 잔이나 살 수 있는지 계산한다. 그러면 질투와 혁명에 대한 증오로 그들의 생각은 어두워지고, 공산주의 정권 이후 1948년 스탈린주의 정권이 들어섰을 때 장관이었던 바츨라프 코페츠키Václav Kopecký가 즐겨 말했던 "우리 민족의 후스적 본능"이 시민 안에서 깨어난다. 두 번째 해결책을 지지하는 이들은 국가가 실제로 교회의 모든 행동을 금지하고, 교회에서 일하는 수많은 사람들을 감옥으로 보냈던 것처럼, 국가가 교회의 전체 사업에 대해 지불할 책임을 맡아야 하는 이 순간을 충분히 인식하지 못한다. 현재의 교회 운영에 지속적으로 자금을 지불하고, 자유롭고 문명화된 사회에서 교회가 운영되는 방식을 천천히 시도하는 것은 매우 비싸고 정말 참기 힘들 수 있다. 속박의 시대처럼 신앙생활을 교회 공간과 제의실로 축소시키라고 — 이렇게 많이 축소된 교회의 모습이 마음에 들지 몰라도 — 교회에 강요하는 것을 아마도 더 이상은 볼 수 없을 것이다.

3 소위 쿠르짐Kuřim 사건과 비슷한 일이 발생할 수 있다. 2008년, 잔인하게 아이들을 학대한 몇몇 여성에 대한 재판이 있었다. '선택받은 자'의 교육 방식을 강요하는 이단의 영향을 받은 그녀들의 행동이 만천하에 드러났다. 여성들은 그녀의 모성과 인간적 감정과 동정심이 마비될 정도로 '세뇌'당했다.

4 아우구스티누스는 이렇게 썼다. "'당신들은 우리의 형제가 아닙니다'라고 말하는 이들에게 '당신들은 우리의 형제입니다'라고 응답했습니다"(Augustinus, *Ennarationes in Psalmos*, Ps 32, 29; CCL 38, 272).

11

진리의 장소

몇 년 전 나는 매주 일요일 정오에 체코 방송국에서 방영하는 토론에 참여했다. 나 외에 체코공화국의 두 거대 정당 부대표들이 참여했다. 방송이 끝나고 잠시 계단에서 한 부대표와 단둘이 있을 때 그에게 물었다. 나는 그가 나를 지식과 경험의 세계에서 실수로 길을 잃은 외계인처럼 생각한다는 것을 알고 있었다. 그럼에도 나는 그의 대답이 상당히 궁금했다. "부대표님, 지금 여기 우리 둘밖에 없으니 말씀해 보세요. 카메라 앞에서 내내 주장한 것이 진리가 아니란 것을 당신도 알고 계시지요?" 그 정치인은 장대한 골리앗이 자신을 막아선 작고 건방진 소년을 대하듯 연민과 멸시가 섞인 눈빛으로 나를 쳐다보았다. "진리요?" 그는 감히 자신 앞에서 그런 상스러운 말을 하냐는 듯이 역겨운 표정으로 그 단어를 반복했다. 내가 말했다. "존경하는 선생님, 저는 제 이웃에게 말하고 있고, 선생님도 그렇습니다." 그때 그의 머릿속에 이런 생각이 스쳤던 것 같다: 우리 같은 경험 많은 프로들은 잠재적인 유권자인 이들이 듣고 싶어 하는 것을 말한다. 그들이 우리에게 표를 주고 의원 수당과 민주주의가 우리에게 제공할 수 있는 가능성을 확보하는 것이 중요하다. 이 때문에 우리가 많을 돈을 들여 여론조사를 하지 않는가? 진실이 무엇인지, 어떤 사건의 실체가 무엇인지라는 질문은 우리의 관심사가 아니다. 그것은 정말 사소하고 무의미하다. 이를 이해하지 못하는 사람은 정치의 기본 규칙에 정통한 우리를 꺼린다. 이 순진하고 가소롭고 꼬인 녀석은 누가 그에게 정신이 번쩍 들게 해 줘도 놀라지 않을 것이다!

얼마나 많은 사람이 이 말에 동의의 박수를 보낼지 나는 알고 있다. 그들도 같은 이념을 지니고 실천하고 있고, 양심의 가책 없이 이를 받아들일 만큼 적당히 대범하고 냉소적이기 때문이다. 또한 그들은 스스로를 정치는 다 똑같다고 인정하는 '현실주의자'라고 여기고 있고, 그들 스스로 무언가를 비꿀 수 있기는커녕 언젠가, 어떻게든 달라질 수 있다는 가능성을 상상하는 것조차 포기한 사람들이기 때문이다. 아무튼 바꿀 수 없다!

그러나 앞 장에서 이미 나는 교회와 비슷하게 민주주의는 약점 많고 실수투성이이고 나쁜 성향을 지닌 인간들에 의해 세워져 늘 불완전할 것이라고 하지 않았던가? 천사가 아니라 인간에 의해 세워진 정부이기 때문에 민주주의에서 포기해야 할 도덕적 엄숙주의에 대한 호소와 이상주의에 대해 경고하지 않았던가? 부대표의 자리에 왜 성인聖人이 앉아야 하는가? 아니면 왜 적당히 냉소적이고 거만한 사람이 앉아야 하는가? 정치인들은 결국 그들을 선출한 사람들의 거울상이 아닌가? 사회는 불평하고 그들의 정치적 대리인들을 끊임없이 욕하기보다 그들에게서 자신들의 모습을 다시 인식해야 하지 않을까?

정치인들의 행동에 분개할 권리가 내게 있을까? 나는 **다른** 방식과 **다른** 가치를 제시하기 위해 개입해야 하는지 잠깐, 그러니까 거의 삼 년 정도 망설였고 결국에는 그러지 않기로 결정했다. 고민한 끝에 오 년 동안 사랑하는 제대를, 대학교 강단을, 여름을 보내는 수도원의 책상을 떠날 각오를 했다면, 그 '포기한 사람들'에게 동참했을까? 나는 어떤 정치적 직책을 맡는 대신 내 인생의 마지막 삼분의 일을 지나며 참으로 본질적인 것, '꼭 필요한 한 가지'(unum necessarium)를 위해 내 시간과 힘을 비축하기로 했다.

이러한 고민을 하는 동안 그 정치인의 경멸에 찬 목소리가 떠올라 끊임없이 나를 방해했다. '진리'라는 단어에 대한 모독은 따귀를 맞은 듯 내 뺨을 붉혔다. 결국 "**나는 진리**이고, 길이고 생명이다"라는 말에 이끌렸다.

그날 밤에 나는 다시 한 번 요한복음서의 부활 사화를 읽었다. "진리가 무엇이오?"라고 묻는 빌라도의 물음은 부대표가 그 말을 내뱉었을 때 내가 들은 어조와 같았을 거라는 생각이 들었다. 권력의 골리앗과 빌라도의 후예들이 늘 최종 결정권을 쥔 것은 아니며 진리에 대한 질문을 피하지 않는 이들에 대한 조롱이 성급한 것임을 우리에게 보여 주기 위해 예수는 십자가에 달리고 묻힌 그 밤에 돌아오지 않았고, 자신의 상처를 보여 주지 않았던 것은 아닐까 하는 생각이 들었다.

왜 그리스도는 성경에 쓰인 것처럼, '온 백성에게' 나타나지 않고, 당신이 증인으로 불렀던 이들에게만 나타났을까? 왜 예수는 빌라도와 그 부대표에게 나타나지 않았을까? 예수가 그 과제를 우리에게 위임했기 때문인지도 모르겠다. 당신을 고백하는 우리에게 예수는 우리가 있는 자리에서 주위 사람들에게 '진리의 증거자'가 되어야 할 자격을 주었다. 그에 따른 결과 또한 우리 몫이다. 이에 따른 결과가 어떤 것인지를 우리는 수난 사화에서 읽을 수 있다.

물론, 이 수난의 길을 가는 모두가 필연적으로 십자가에서 끝나는 것은 아니다. 그러나 그들은 정당 부대표, 대통령, 냉소주의자, 실용주의자와 체념한 '현실주의자' 눈에 **십자가의 어리석음**으로 보이는 것이 그에게 **성흔을 남길** 것임을 알아야 한다. 위대한 성인의 그림에서 황금빛으로 빛나는 장대한 성흔을 의미하는 것이 아니다. 오히려 그것은 그리스도의 제자가 되는 길에서 마땅히 갖추어야 할 장비로서 우리에게 익숙하고 우리가 일상에서 받아들여야 하는 평범한 성흔일 것이다. '정돈되거나' 계획적이지 않고, 제멋대로인 성흔이다.

그렇다, 정당 부대표가 생각하고 있는 세상은 '**나를 십자가에 못박았고, 내가 못 박은 세상**'(갈라 6,14 참조)이다. 이는 내가 그의 세상을 곧장 악마화해야 한다는 것이 아니며, 그의 세상을 두려워하거나 피해야 한다는 것을 의미하지 않는다. 나는 그 세상과 정신적으로나 육체적으로 완전히 단절해 살 수 없다. 우리 모두는 여기 이 세상에 살고 있고, '이 세상'이 존재하는 한 우리의 개인적 · 집단적 세계, 우리의 가치관, 이상, 관심사의 세계는 서로서로 침투하고 침투된다. 우리는 **세**

상 안에 있지만, 우리가 얼마나 깊이 그리스도 안에 머무르는가에 따라 **세상에 속하지 않는다**(요한 17,14-19 참조). 즉, 우리는 빌라도와 **정당 부대표**가 믿고 의지하는 것에, 그들이 진리와 권력에 대해 취하는 입장에 **동조**하지 않고 동조할 수도 없다. 그들에게 권력은 거룩하고, 진리는 무의미하며 보잘것없다. 우리에게 권력은 거룩함의 빛을 잃어야 하지만, 진리는 거룩하게 남아 있어야 한다.

❦

아무도 권력의 자기 합리화적 신성성神聖性에 의문을 제기하지 못하도록 **정당 부대표 같은 이들**이 진리에 대해 묻지 못하게 아예 싹을 자르기를 원한다면 그들은 오늘날 매우 영리하게 대처하고 있다. 우리가 진리를 말할 때, 그들은 우리더러 거만하고 불손하게 **진리의 소유자**인 양 하지만 실제로는 전체주의의 대리자라고 비난한다. 반대로 그들은 우리에게서 자유와 민주주의를 지킨다고 한다.

그래서 그들은 민주주의 정치의 구성 요소가 아닌가? 그들은 그들의 권력을 선거의 득표수에 의해, 그들이 대변하는 — 어쩌면 수고롭게 조작한 — 다수의 의견을 통해 정당화하지 않는가? 그들을 반대하거나 지지하고, 그들의 행동에 의문을 제기할 권한을 누가 우리에게 주었는가? 우리가 통치하는 한, 그들은 우리 마음에 들지 않는 것을 행하거나 말할 수 없고 우리의 지시를 따른다. 당신들이 얼마나 무의미한 소수인지, 다른 한편으로 우리가 사유하기를 멈추지 않는 사람들의 생각을 얼마나 엄청나게 표현할 수 있는지 다시 보여 주기 위해 당신들은 다음 선거를 기다릴 수 있을 뿐이다. 그리고 우리에겐 우리의 방식이 있다! 이 싸움판에서 적기에 제시할 수 있는 암시적 슬로건은 무엇인지, 사람들이 어디에서 **생각하기** 시작할지 우리는 알고 있다. "당신은 내 사업을 방해하는 1퍼센트의 사람들을 위해 말합니다"라고 한 성공한 민영방송 채널 사장이 내게 말했다.

그러나 여기서도 **정당 부대표 같은 이들**은 거짓말을 한다. 우리는 우리 자신을 '진리를 소유'한 사람이라고 생각하지 않는다. 우리는 진리를 묻는다. 바로 이 **물음**이 권력 독점을 파괴하는 힘을 지니고 있다. 정치 고수들이 의심하고 당연히 두려워하는 것이 바로 이 힘이다.

예수는 세상의 거리에서 사람들이 당신을 '메시아'와 '왕'으로 부르는 것을 거부했다. 당신이 아니기 때문이 아니라, 당신의 메시아성과 왕권이 수난이라는 극적 사건에서 드러나도록 했기 때문이다. 이 사건에서 메시아성과 왕권이 참으로 무엇인지 드러난다. 즉, **힘없는 사람의 힘**이라는 역설로서, 왕과 정당 부대표와 메시아의 백성들의 요구로서, 또한 그들과 그들 주장에 의문을 제기하는 요구로서 드러난다. 진리를 묻는 빌라도의 물음에 예수는 다른 모든 '진리의 소유자'와는 달리 어떤 이론, 슬로건, 정의定義, 이념을 제시하지 않았다. **예수는 침묵했다.**

그의 침묵에서, 그의 무력함에서, 그의 십자가에서 어쩌면 처음이자 마지막으로 진리가 계시되었고, 권력과 권력을 탐하는 자와의 타협이나 그 어떤 거래로 오염되지 않았다. 이미 말했듯이, 여기 그리스도가 있다. 그리스도는 세상, 인간 그리고 하느님을 있는 그대로 보여 주는 **거울**로서 진리다. 우리는 여기서 이 세상의 전체주의적 이데올로기 또는 체제의 방식으로 '전체주의'를 요구하는 것을 발견하지 못한다. 거울에 비치는 모습은 모든 종류의 다양한 정치적·종교적 백과사전에 나와 있는 답처럼 대답하지 않는다. 이 거울의 모습은 단지 **볼** 수 있을 뿐이다.[1] 그리고 우리가 본 것을 어떻게 해석하고, 그것을, 그리고 우리를 어떻게 처리할지에 대한 물음을 남겨 둔다.

우리는 권력에 비판적인 질문을 던지면서 그들을 단지 그 거울 앞에 세운다. 그리고 그들이 거울을 직시할지 거울을 깨부술지 권력에게 맡긴다. "상황이 어떻게 되든 나는 관심이 없다. 나는 오직 찬성표 사냥꾼, 표를 모으는 사람이다."

그러나 **정당 부대표 같은 이들**이 '표를 모으더라도', 우리는 결코 우리 표를 뺏기지 않는다. 나는 투표함에 던져진 종이 형태의 '한 표'만을 의미하지 않는다. 무엇보다 '사막에서 외치는 이의 목소리', 모두가 꺼리는 질문을 제기하는 목소리다. 민주주의는 그 메커니즘 자체로 사회의 자유를 보장할 수 없다. 민주주의는 사유하고 진리에 대해 자유롭게 토론하는 사람들이 있는 사회에서만 자유를 **도울** 수 있다.

아니다, 우리는 '진리의 소유자'가 아니다. 더구나 우리의 신앙은 어떤 유사한 것을 주장하는 것을 엄격히 금지한다. '그리스도가 진리'라는 것을, **오직 그만이** '나는 진리다'라고 말할 수 있음을 믿을 때 그리고 '그리스도를 **믿는다**'고 고백할 때, '**우리는 예수 그리스도가 아니며** 우리는 진리가 아니라**는 것을 인정한다. 그러므로 우리는 '진리' 또

는 진리의 독점자로서 자신을 과시하려는 유혹에 저항해야 한다.[2]

　우리는 그리스도를 '소유하지 않는다'. 신앙의 대상, 또한 신앙 자체조차 소유물이 아니라 의무다. 그리스도는 **당신을 따르고**, 진리를 추구하고, 그 안에서 나태해지지 않을 의무를 우리에게 지웠다. "그리하여 우리는 삶에서 하느님을 소유하지 못하고 하느님을 추구하면서 이 삶은 지나간다"라고 마르틴 루터는 썼다. "우리는 항상 찾고 물어야 한다. 다시 말해, 거듭하고 거듭해 찾아야 한다. … 시작하고 찾는 이가 아니라 '끝까지 참고 견디는 사람이야말로 구원받을 것이다'(마태 10,22). 하느님의 길에서 앞으로 가지 않는 사람, 발걸음을 떼지 않는 사람은 뒤로 넘어진다. 찾지 않는 사람은 찾은 것을 잃어버린다. 하느님의 길 위에서 멈추어 있어서는 안 되기 때문이다."[3]

　진리를 자신과 동일시하는 것과 진리의 소유자라 사칭하는 것은 진리에 무관심하고 냉소주의로 도피하는 것과 똑같이 죄다.

　교회와 그리스도인 각자가 이 예언지의 사명을 완수하고자 한다면, 즉 진리에 대한 물음을 경멸하는 권력에 걸림돌이 되고자 한다면, 내가 진리 안에 있는지 그리고 진리를 어떻게 이해하고 있는지 같은 자기 비판적이고 겸손한 물음을 단 한 순간도 멈춰서는 안 된다. 진리는 타인에게 요구할 뿐만 아니라 무엇보다 우리 자신에게 요구한다. 진리를 경멸하는 이들과 벌이는 외적 싸움과 우리가 그 싸움에서 입게 될 상처들은, 우리 자신이 진리를 향해 겸손하게 열려 있는 한, 자신의 진리를 묻는 내적 투쟁과 불안한 물음들에서 도망쳐도 된다는 핑계가 되지 않는다.

바오로 사도는 이 상황을 **밖으로는 싸움이요 안으로는 두려움**(2코린 7,5)이라고 했다. '하느님의 전사'가 '종교적 테러리스트'로 변이를 하지 않는 한 이것이 정상적인 상태다.

"진리에 대해서는 토론을 할 수 없다." 나는 이 끔찍한 문장을 유력 정치인이 아니라 우리 교회의 대표자에게 들었다.[4] 하지만 진리에 대해서가 아니면 무엇에 대해 토론해야 하는가? 교회가 위임받은 진리를 의무가 아니라 그들의 소유로 여기기 시작한다면 또는 그것을 멈추지 않는다면, 교회는 이 세상에서 예언자의 사명을 완수하지 못할 것이고, 냉소적인 정치권력과의 싸움에서 시작부터 육체적·정신적으로뿐 아니라 도덕적으로도 패할 것이다. 여기 '권력 대 권력'이 있다. 조지 오웰의 『동물 농장』 결말의 동물과 인간처럼, 최후에는 이 둘을 더 이상 구별할 수 없게 된다. 이 싸움에서 패한 자가 진리 자체다.

✤

내가 앞서 여러 번 인용한 크로아티아의 신학자 미로슬라브 볼프는 진리에 대해, 정확히 말해 '진리를 증언하는' 그리스도교의 사명에 대해 썼다. 이 주제에 관해 그는 정말 아름다운 문장을 남겼다. "'진리가 당신들을 자유롭게 할 것입니다'라고 예수가 말했다. 진리가 왜 우리를 자유롭게 하는가? 우리가 타인 앞에서 눈을 감고 우리의 관점에서만 절대적 진리를 고집하는 대신에, 우리 자신의 길에서 타인의 길에도 갔다가 돌아오고 그렇게 우리의 관점에서뿐 아니라 타인의 관점에서 우리 공동의 역사를 바라보게 하기 위해 진리가 우리를 자유롭게 한다. 우리만의 '진리들'을 만들어 그것을 타인에게 강요하는 대신, 우리가 진리에 인도된 삶을 살고 그리하여 자신을 버린 진리의 증거자가 되게 하려고 진리가 우리를 자유롭게 한다."[5]

그렇다, **정당 부대표 같은 이들**은 그들의 비전을 온갖 방식으로 세상에 알릴 수 있는 '공적 공간'의 상당 부분을 마음대로 쓴다. 그럼에도 우리는 달갑지 않은 질문 형태로라도 사안이 다르게 보일 수 있다는 것을 지적해야 할 때 '목소리'를 '잃어버려서는' 안 된다.

"진리의 장소는 세상 도처의 작은 곳에 있다"라는 체코 교회의 성가가 있다. 이 작지만 '전략적으로 중요한' 곳은 어디인가? 그곳은 냉소적이고 비양심적인 권력의 위험하고 전체주의적인 요구에도 우리가 거듭해서 **잠입**할 수 있는 곳, 예를 들어 진리에 대한 질문이 최소한 묵살되지는 않는 곳에서부터 시작한다. 그곳은 이데올로기가 되려는 유혹을 뿌리칠 수 있는 한 우리 믿음 안에 있다. 그 장소는 수천 번 상처 입고 조롱당하고 실망하고 십자가에 못 박혔던 우리가 포기해선 안 되는 진리를 향한 믿음이다. 그곳은 골리앗의 세계에 있는 섬으로 우리가 어떤 대가를 치르더라도 지켜 내야 하는 작은 장소다.

정당 부대표가 잘 알아차렸듯이, 나는 골리앗의 권력과 같은 눈높이로 교류하려는 것도 아니고 우리 선조 다윗의 돌멩이나 무릿매끈을 사용하려는 것도 아니다. 항복하려는 유혹, 냉소주의자 또는 '현실주의자'들과 그들 옆에서 떠들어 대는 무리에 동참하고 싶은 마음에 맞서는 유일한 것은 **상처 입은** 나의 신앙이다.

그 신앙은 권력 쟁취의 도구가 될 수 있는 이데올로기가 아니다. 그 신앙은 경쟁적 이해관계의 싸움터에서 승리하기 위한 확실한 전술도 아니다. 그 신앙은 어떤 방법으로든 십자가로 이끌고 십자가를 가리키는 길이다. 그리고 이 십자가는 정당 부대표 같은 이들, 모든 시대의 빌라도들, 헤로데들 그리고 카야파들의 대변인들이 쌓은 냉소적 체제에 맞서 승리를 거뒀다 할 수 없다. 십자가는 진리의 패배이며 우리에게 단지 희망으로만 주어졌다. 그리고 십자가를 세상에 보여 주기 위해, '우리의 희망에 대해 해명하기 위해'서는 우리 스스로가 이 희망의 영으로 살아가는 것 외에 다른 방법이 없다.

이렇게 약하고 끊임없이 상처 입는 신앙으로 어떻게 우리 주변 세상을 치유하는 데 기여할 수 있을까? 세상을 치유한다는 것은 **메시아의 사명**이다. 만일 이 사명을 우리가 독자적으로 취하려 한다면, 그것은 우리가 역사에서 이미 많은 피해와 비극을 야기했던 메시아니즘과 자만에 빠져 있다는 것을 의미할 수 있다.

우리가 메시아니즘을 포기한다고 해서 무관심, 냉소, 냉담에 빠질 필요는 없다. 우리는 이미 이 포기 또한 메시아에 대한 우리 신앙의 필수 요소인 은총의 행위임을 보았다. 포기가 아니라 그와 반대로 우리는 우리 각자에게 예비된 과제를 사려 깊게 헤쳐 나갈 수 있다.

세상을 치유한다는 것은 '진리의 장소를 넓히는 것'을 의미한다. 본디 '진리의 장소'는 **하느님 나라**다. 시간의 종말에서 하느님 스스로 하느님의 권능 안에 있는 **하느님 나라**를 보여 줄 것이다. 우리 세상 안에서 '진리의 작은 자리'는, 앞서 말한 바와 같이, 그리스도를 통한 그리고 그리스도 안에 있는 우리의 신앙이다.

우리는 그리스도가 아니지만, 그럼에도 겸허히 사명을 수행할 책임이 있다. 우리가 자기만을 **내세우지 않는다면**, 자기 이익만 좇지 않는다면, 개인 또는 단체의 이기적인 이익만을 추구하지 않는다면, **자신의** 권력과 명예를 잡으려고 하지 않는다면, 우리가 자신의 마음속에서뿐 아니라 세상을 향해 **끊임없이 진리를 묻는다면** 우리는 그리스도를 대리한다. 진리는 그러한 **길**이고 생명이다. 자기만족으로 멈추어 있는 것은 정신적 죽음이다. 우리가 거만한 사적·민족적·정치적·교회적 메시아니즘을 포기할 때만 진리를 통해 세상을 치유하고 해방하는 주님의 구세사적 부르심에 참여하는 것이다.

주

1 그럼에도 여기서 우리는 하느님을 '보지 못한다'. 여기서 오히려 하느님은 우리가 세상, 인간, 우리 자신을 볼 수 있도록 하는 빛으로 파악할 수 있다.

2 Volf, M., *Exclusion and Embrace. A Theological Exploration of Identity, Otherness, and Reconciliation* (Nashville: Abingdon 1996) 302.

3 Aland, K.(Hg.), *Luther Deutsch: die Werke Martin Luthers in neuer Auswahl für die Gegenwart*, Band I: Die Anfänge (Stuttgart u.a.: Klotz u.a., 1969) 146f.

4 우리 가톨릭교회 안에서 때때로 '진리의 은사'를 사용하고 남용하기 시작하는 것을 보았다. 즉, '직무의 은사'와 동의어로 사용한다. 은사를 교회 고위층이 순진하고 거만하게 이해하고 사용한다면 오히려 이는 공산당원의 성향을 떠오르게 한다. 즉, "내가 그 직분을 맡으면, 내가 말하는 모든 것을 진리로 받아들여야 한다"는 말은 단순히 신학적이고 도덕적인 오류가 아니라 복음의 정신에 맞서는 큰 죄일 수 있다. (다만, 교황의 무류성과 교도권에 관한 교의를 이런 식으로 세속화하고 임의로 '확대할' 수는 없다.) (교회에서는 종종 "공산주의적 과거를 감수하기를" 촉구한다. 하지만 이러한 요구는 무의식적으로 받아들인 전체주의의 유산에 대한 경계를 포함해야 한다.)

5 Volf, M., *Exclusion and Embrace. A Theological Exploration of Identity, Otherness, and Reconciliation* (Nashville: Abingdon 1996) 304.

12

베로니카의 베일에 새겨진 얼굴

예수가 부활한 날 밤 제자들은 여전히 두려움, 슬픔, 실망에 짓눌리고 십자가의 그늘과 자신들의 실패로 낙담해 있었다. 부활한 예수가 겁을 먹고 도망간 이 남자들에게 나타났을 때, 그는 자신의 상처로 말을 걸었다. 하지만 여인들에게는 어떻게했나?

여인들은 그분을 떠나지 않았다. 그들은 도망치지 않고 십자가의 길에서부터 그분을 따랐고 십자가 아래에서 마지막 순간까지 견뎌냈다. 또한 빈 무덤, 부활한 날 아침 열려진 신비로운 모태를 처음 발견한 이도 여인이었다. 복음서는 그 여인 중 몇몇의 이름을 기록했다. 중세의 부활절 연극은 세 명의 마리아를 언급하고, 수세기 동안 십자가 수난을 표현한 수많은 회화와 조각들은 특히 여인 두 명을 묘사했다. 바로 동정녀 어머니와 예수가 일곱 마귀를 쫓아내 준 막달라 출신의 마리아였다. 이 막달라 여자는 그를 한없이 사랑했고, 그에게 매우 소중한 사람이었다.[1] 복음서들은, 특히 요한복음서가 가장 분명하게 마리아 막달레나는 '사도들의 사도'가 되었고, 부활하신 예수는 그녀에게 처음으로 나타났다고 고백한다(요한 20,1-18 참조).

예수를 붙잡으려는 마리아 막달레나에게 예수는 단호하게 "나를 만지지 마라! 나를 붙들지 마라!" 하고 막는다. 그러나 이는 "네 손을 뻗어 내 옆구리에 넣어 보아라!"라고 토마스 사도에게 권하는 장면과 뚜렷하게 대조된다. 그러나 우리는 토마스 사도가 예수의 상처를 실제로 만졌는지는 알지 못한다. '닫힌 문으로 들어오는 것'과 엠마오로 가는 길에서 갑자기 사라진 것과 마찬가지로, 마리아 막달레나에게 하신 말씀은 토마스 사도와 함께 있는 장면을 피상적으로 이해할 때 발생할 수 있는 부활에 관한 조악한 '유물론적' 이해 그리고 이 책에서 거듭해서 경고하는 근본주의자들의 주장[2]에서 독자들을 보호하려는 것이다. 부활의 육체성에 대한 순진한 근본주의적 이해와 달리 복음서들과 전통적 신앙 빛 교회의 신학은 부활한 육체는 변형된 육체라고 주장한다. 여기서 무엇보다 '육체'는 **대체 불가한 위격의 정체성**을 의미한다. 따라서 부활과 부활한 분은 **믿음과 희망의 문**을 통해 이 세상과 세상의 역사로 들어가 세상과 역사를 깨우고 완성하는 종말론적 신비에 속한다. 사람들이 '부활과 부활한 이'를 단순하게 이 세상의 '순수 사실'(bruta facta)에 편입시키고, 어리석게도 우리 이성과 호교론적 소책자를 증거로 들며 열성적으로 옹호하고 확신하면서 이를 평범하게 만들 수는 없다. 부활절 아침은 우리가 죽음의 잠에서 완전히 깨어나는 **영광스러운 날**의 시작이다. 지금 여기에서 오직 우리의 신앙을 통해 잠깐 그를 만진다. 그리고 '은총의 선물'인 우리의 신앙은 그의 광채를 통해 분명해진다.

그리스도가 부활했다는 신앙은 증인들의 증언에 기반을 둔다. 우리는 신앙과 은총으로 그 증인의 대열에 초대받고 참여하게 되었다. 여기서 중요한 것은 '목격자'가 아니다. 부활 사건에서 목격자는 중요하지 않았다. 오히려 자신의 삶으로 예수를 증언하기로 준비된 사람들이 중요했고 중요하다. 예수는 과거의 사람이 아니라 우리의 미래와 연결되고, 지금 여기에서 우리를 위해, 우리 안에서 그리고 우리를 통해 이 세상에 함께하고 **살아 있다**는 것을 보여 주는 사람이다.

그럼에도 우리는 이 선물을 다만 '질그릇 속에' 가지고 있다. 우리 신앙은 우리의 인간적 행위에 머물러 있다. 이 세상과 육체 안에서 순례하는 시간 동안 의심이라는 어둠에서 결코 온전히 자유로울 수 없고, 우리의 이성, 언어, 경험, 상상력의 한계에서도 완전히 벗어날 수 없다. 우리는 우리의 순례하는 신앙에 머물러 있다.

예수의 옷자락을 만지지 못한 마리아 막달레나처럼, 가장 열정적인 사랑과 동경조차 이 세상에서 소유물처럼 그를 갖기 위해 **만져서** 신비의 베일을 완전히 벗겨 버릴 수 없다는 사실을 늘 상기해야 한다. 길은 타보르산의 영광스러운 빛에서부터 곧장 일상의 골짜기로 심지어 겟세마니의 어둠의 내리막길로 이어져 있듯이, 부활한 이와의 만남 역시, 그 만남이 항상 기쁨으로 충만할지라도 '붙잡을' 수 없고 이 세상의 가장 확실하고 소중한 것 한가운데 나의 보물 상자 안에 꼭꼭 보관해 둘 수 없다. 그 만남은 질적으로 다른 확실성으로, 더 깊고 더

섬세하며 더 상처받기 쉽고, 바람이 몹시 부는 길에서 꺼지지 않도록 보호해야 하는 불빛에 비교할 수 있다. '여기에 초막 셋을 짓겠다'(마태 17,4 참조)는 제안으로 부활한 예수를 붙잡아 둘 수 없다. 그는 늘 길 위에 있다. 그는 아버지에게로 가고, **그가 아버지에게 가는 길**이다. 그리고 그는 우리가 멈춰 있기보다 그와 함께 앞으로 나아가기를 원한다.

복음서에서 거명되지 않은 한 여인이 있다. 그러나 전승과 민간신앙은 직관적으로 그녀를 잘 알고 있고, 심지어 십자가의 길 14처 중 한 곳을 그녀를 위해 바친다. 바로 자신의 베일을 벗어 예수의 얼굴에서 흘러내리는 피와 땀을 닦아 준 베로니카다. 이 여인은 그리스도교 상상력의 역사에 놀랍도록 깊은 인상을 준 영원한 유품을 받았다. 예수는 당신 얼굴을 인상처럼 베로니카의 베일에 새겨 넣었다.

수많은 전설이 이 베일에 대한 뒷이야기를 이어 나갔고, '인간의 손이 만들지 않은 형상'은 전 세계로 퍼져 나가 보존되고 복제되어 공경을 받을 뿐 아니라, 그리스도교 예술 신학의 중요한 요소가 되었다. 우상은 '인간의 손에 의해 그리고 인간의 상상력에 기초하여 만들어진 신'으로 인간의 욕망이 투영되어 있다. 이와 반대로 이콘은 이 세상과 세상의 물질에서 인간의 눈은 볼 수 없고 이 세상의 것으로는 완전히 채울 수 없는 것들을 향해 열어 주는 '창'이다. 이콘은 신비가 닫힌 문 사이의 틈이며, 빛이 흘러나와 그의 얼굴이 찍힌 베일로서 우리 세상을 볼 수 있게 해 주는 곳이다. 주님의 웃는 모습은 끝이 보이지 않는 어둠의 골짜기를 지날 때 약해지지 말라며 우리를 격려한다.

물론 그리스도인에게 세상은 '마야의 베일'이 아니다. 세상은 환상이 아니다. 물질은 어둠만이 아니며, 육체는 무덤만이 아니며, 땅은 단지 구렁텅이와 덫이 아니다. 여기에 실재와 '물질세계'의 이해에 대한 그리스도교와 근동, 플라톤주의, 영지주의, 관념론 간의 근본적 차이가 있다. 세상, 물질, 육체는 하느님의 좋은 피조물이다. 이 피조물에 대해 '보시니 좋았다'고 했다(창세 1,31 참조). 육체는 영혼의 감옥이 아니라 '영혼의 표현'이다. 이 세상의 **물질**은 성사적인 물질, 곧 하느님 현존의 실재적이고 효과적인 표지가 될 수 있다. **그리스도의 얼굴**은 이 세상에 영원히 각인되어 있다. 물론 십자가를 지고 가는 이를 위해 연민과 자비의 베일을 펴는 사람만이 그의 인장을 얻는다.

❦

불타는 가시덤불 속에서 나타난 하느님이 모세에게 계시하기를 원치 않았던 **그 이름**을 사람들은 몇 번이나 듣고자 했던가.[3] 당신 종에게 오직 지나가는 '뒷모습'만 볼 수 있다고 약속을 했을지라도(탈출 33,23 참조) 사람들은 몇 번이나 그의 **얼굴**을 보려고 했던가. 첫 계약의 백성은 가까이할 수 없는 신비 속에서 주 하느님의 이름과 얼굴을 지켜 왔다. 그리스도교는 세상에 **성자**의 이름과 얼굴을 선포한다. 성자는 아버지가 당신의 역사에 새겼던 인장이며, 당신 스스로 침묵을 깬 말씀이다.

그리스도교 신앙은 성부의 신비를 축소하거나 비우거나 또는 어떤 식으로든 폐기하지 않으며, 성소로 향하는 문턱을 낮추지 않고 '쉽고' 천박한 입구를 열지 않는다. 성자의 이름을 주문呪文으로 사용할 수 없다. 예수는 당신을 "주님, 주님!"이라 부르는 공허한 외침을 경고한다(마태 7,21 참조). 예수는 당신이 수행했던 사명을 우리가 당신의 이름으로 완수하기를 원한다. 심지어 더 큰 일을 하기 원한다(요한 14,12 참조). 단지 우리 군대 깃발의 주술적 상징으로, 우리 단체의 '로고'로, 또는 현수막의 주의를 끄는 그림으로 성자의 얼굴을 사용한다면 그것은 하느님을 모독하는 풍자화가 되어 버릴 것이다.

예수의 참된 얼굴은 베로니카와 그녀를 따르는 사람들만 보게 될 것이다. **수난**(passio)이 연민(compassio)을 발견한 곳에, 수난의 심연으로 들어간 그는 지워지지 않는 인장을 연민에 새긴다. 그는 '당신 성혈로' '서명'을 한다.

예수의 얼굴을 내리석 같은 완고한 마음에 새길 수 없다. 우리는 예수의 얼굴을 **자비로운 사람**들에게서, **마음이 깨끗한 사람**들에게서 발견할 것이다. **그들이 하느님을 보게 될 것이고 자비를 입을 것**(마태 5,1-10 참조)이기 때문이다. 자비로운 사람들은 이중의 방식으로 '지복직관'을 미리 경험했다. 즉, 신성한 얼굴의 광채에서 종말론적 평화를 선취한다. 그들은 고통받는 이들에게서 그리스도의 얼굴을 보고, 고통받는 이들에게 연대와 사랑과 도움을 보이면서 세상에 그리스도의 얼굴을 선포한다.

이콘과 그에 대한 공경이 '참되다'면, 우상이 되지 않는다면 그리고 성경이 금지한 하느님에 대한 표상 혹은 우상숭배로 돌변하지 않는다면 이콘은 투명하기도 하고 '희미하게 비쳐 보이기'도 해야 한다. 우선 이콘은 신앙인들의 눈과 마음의 방향을 현세적이고 물질적이며 가시적인 세계에서 보이지 않고 표현할 수 없는 것으로 향하게 바꿔 놓아야 한다. 하지만 이콘은 신앙인들의 눈과 마음을 다시 세상으로 돌려놓아 우리가 하느님의 빛 안에서 ― 그리고 그분을 **통해** ― 이 세상에서 고통받는 사람들의 얼굴에서 하느님의 얼굴을 보게 한다.

이콘은 하느님을 향하는 창이지만, 여전히 베일에 덮여 있으며 베일 뒤에서 하느님의 빛을 비추어 준다. 이콘은 세상을 '상징'으로 인식하도록 가르친다. 하느님의 신비를 감추기도 하고 드러내기도 하는 베일로 세상을 인식하는 것이다. 이콘은 이러한 '투과성'을 지니고 세상을 보라고 가르친다. 그리고 베로니카가 내밀었던 베일에 찍힌 그리스도의 얼굴은 바로 **고통받는 이들**의 얼굴이므로 우리는 그들에게 자비와 도움의 손길을 내밀어야 한다. 그리스도의 얼굴은 분명 하느님 현존의 풍요로운 빛을 비추어 보여 주는 세상 곳곳에 있다.

시성되었든 그렇지 않든 수많은 성인들이 그들의 몸에 성흔을 지니고 있었다고 알려졌다. 그리스도 상처의 눈에 보이는 표지가 그들 몸의 피부와 살에 봉인되어 있었던 것이다. 베로니카는 이렇게 그리스도 상처의 흔적, 그분의 피 흘리는 얼굴, 모든 시대의 악으로 뭇매를 맞은 얼굴을 **내면에** 간직한 이들 중 첫 사람이다. 그들은 '그들 마음에서 베일을 벗어' 고통받는 이들에게 내밀었던 이들이다.

바오로 사도는 코린토인들에게 고통에 가득 찬 번민으로 편지를 썼다. 사도는 그들이 그리스도를 메시아로 받아들이려 하지 않고, 모세가 주 하느님을 만난 뒤 광채로 빛나는 얼굴을 가린 너울(2코린 3,12-18 참조)과 베일이 오늘까지 그들 마음을 가리고 있다고 했다. 그리스도에게 회심한 이들의 얼굴은 성령의 힘을 통해 그리스도의 모습으로 변화되어 '주님의 빛나는 영광'을 반영한다.

하지만 이 말을 그리스도인과 유다인 사이의 외적 경계를 기계적으로 구분하듯이 개선주의식으로 읽지 않도록 조심해야 한다. 이마에 세례수를 묻혔던 우리 중에 얼마나 많은 이가 진정 그리스도를 향해 회심했는가? 특히, 세상의 어둠 한가운데서 우리 얼굴이 그분 얼굴의 빛을 진실로 반영할 정도로 가난한 이들 속의 그리스도를 향해 회심했는가?

위대한 유다인 사상가 에마뉘엘 레비나스가 있지 않았던가? 그는 '나를 죽이지 마시오'라고 외치는 약하고 발가벗은 **이들의 얼굴에서** 하느님을 본다고 우리에게 상기시켰다. 옛 유다교 전설에 복음서의 영이 불지 않았는가? 유다교 전설에서 라삐는 그의 제자들을 예루살렘 성문 앞에 있는 부상당한 이들과 나병환자들에게 보내 그들 속에서 자신을 발견해 주기를 기다리는 숨은 메시아를 찾았다. 그리고 그들은 메시아를 알아보는 표시를 알고 있었다. 모든 이가 자신의 상처를 감싸고 있을 때 다른 이의 상처를 감싸 주고 있는 이가 있다면,

그가 바로 메시아다.

우리가 열심히 "주님, 주님" 하면서 그분께 말하더라도, 집 안에 성화를 걸어 놓는다 하더라도 베로니카가 했듯이 그의 얼굴을 닦아 주지 않는다면, 성벽 밖으로 나가지 않는다면, 나병 걸린 세상의 진료소에서 그의 참된 제자가 되지 못한다면 우리 마음에 여전히 베일이 드리워져 있는 것이다.

❧

부활의 **여성적 측면**을 살펴보면서 좀 다른 장면을 떠올려 보자. 이 표상은 성금요일 오후와 부활절 아침 사이 침묵의 시간과 깊은 연관이 있다. 바로 죽은 아들을 품에 안은 어머니를 표현한 **피에타**다. 이는 십자가의 길 13처의 주제일 뿐 아니라, 신심 깊은 대중 예술가의 작품에서부터 베드로 대성전 입구의 비인간적으로 서늘한 아름다움을 지닌 미켈란젤로의 피에타상에 이르기까지 많은 예술 작품의 주제가 되었다. 이러한 작품들 앞에서 왜 이를 주제로 한 작품이 '넘쳐' 났을까 생각해 보니 나는 '충격'을 받지 않을 수 없었다. 얼마나 많은 어머니가, 특히 지난 세기 전쟁에서, 이 작품들 앞에서 무릎을 꿇고 자신의 고통을 이입하고, 그 안에서 자신의 운명을 받아들일 힘을 찾았을까?

'어머니의 품에서 아버지의 지혜는 안식을 누린다'(In gremio matris sedet sapientia Patris). 중세에 이 문장을 따라 어린아이를 품에 안고 있는 성모상이 수없이 많이 그려졌다. 신비주의자들은 성모 마리아를 **지혜**

(Sapientia)로, 신비로운 지혜의 상징으로 받아들였다. 이 지혜는 구약 성경의 지혜문학에 따르면 하느님의 창조 사업부터 함께하면서 '그 분 앞에서 뛰어놀았다'(잠언 8,30 참조). 지혜는 신비로운 '하느님 현존의 구름'인 셰키나Shekinah의 상징, 아름다움과 권능의 상징이다. 지혜는 **상지**上智**의 옥좌**(Sedes Sapientiae)이기도 하다. 중세 신학자들에게 성모 마리아는 인간성, 인간 본성, 이성, 따라서 철학과 '자연신학', 즉 '근원'과 원인 그리고 계시된 지혜에 대한 **옥좌**에 몰두하는 신학의 상징이다. 토마스 아퀴나스가 '은총은 자연을 전제로 한다'(Gratia supponit naturam)라고 말했다. 신학은 철학을 전제로 하고, 하느님 말씀의 씨앗은 받아들일 준비가 된 인간의 대지를 전제로 한다. 그리고 이 모든 것이 마리아, 그녀의 동정, 그녀의 개방성, 그녀의 품 그리고 '말씀하신 대로 저에게 이루어지소서!'라는 그녀의 **순명**(Fiat)을 상징한다. 중세에 철학이 **신학의 시녀**(ancilla theologia)였다면, 이것은 열등한 일을 하는 시녀가 아니라 **수님의 시녀**인 마리아와 같은 태도를 취한다는 의미다. 마리아는 **순명**이라는 개방성을 통해, 하느님이 인간의 자유를 온전히 존중하며 자유롭게 당신의 일을 할 수 있도록 했다.

성자의 육체가 땅의 품에 묻히기 전에, 아들은 잠시 동안 어머니 품에서 안식을 누렸다. 마리아는 땅을 상징한다. 한처음에 땅은 **꼴을 갖추지 못하고 비어** 있었지만 **하느님의 영**이 그 물 위를 **감돌았던** 것처럼(창세 1,2 참조), 구원 사업의 시작에도 하느님의 영이 마리아에게 **내려올 것**이고(루카 1,35 참조), 하느님의 영이 계약의 궤를 덮어 감추었듯이 그녀에게 '그늘을 드리울' 것이다. 그렇지만 십자가의 시간에 하느님의 영(*Parakleitos*, 요한 15,26 참조)⁴은 어디에 있었는가? 그 성령강림의 때는 아직 오지 않았다.

성모 품의 '옥좌'에서 '유다인의 왕'이 안식을 누린다. 이 부조리한 장면은 상상하기 힘들다! 세상의 지혜롭다는 자들과 권력자들인 그의 적은 성부의 지혜를 이제 어리석은 짓이라고 대대적으로 조롱할 것이다. 유다교 신비주의가 '셰키나를 떠난 유배'를 알고 있듯이, 바로 그 시간에 그리스도교 신앙도 이를 체험한다. 성자가 죽고, 성부는 침묵하고, 성령은 아직 내려오지 않았다. **셰키나**로 돌아갈 아침에 대한 희망은 전례에서 '새벽별'(stella matutina)이라 불리는 여인의 마음속에서도 고통의 어둠으로 덮여 있다

"하늘아, 위에서 이슬을 내려라. 구름아, 의로움을 뿌려라. **땅은 열려 구원이 피어나게!**"(이사 45,8 참조).⁵ 우리가 관습적으로 대림 시기에 성가로 부르는 구약성경의 이 구절에는 부활의 의미도 있다.

성토요일의 신비에 관한 신비주의자들의 해석은 구원자가 자신의 수난으로 내려간 '땅의 깊은 곳에서', '지옥에서' 무슨 일이 일어났는지, 그리고 어디에서 구원자의 십자가가 어둠의 문을 부수고 나오는 무기가 되었는지를 숙고한다. 그러나 그 순간 어머니의 심장 깊은 곳에서, 그 고통의 지옥에서 무슨 일이 일어나고 있는가?

성모의 부활절 고통은 훌륭한 음악 작품들에 영감을 준 라틴 성가 「슬픔의 성모」Stabat mater에서 인상적으로 묘사하고 있다. 하지만 이러한 작품들을 들으면 묻지 않을 수 없다. 이는 **고통의 미화**가 아닌가? 아름다움을 통해 통점을 무디게 하는 방법 중 하나가 아닌가?

역사에서 십자가의 길이 통과해 지나가는 곳에 있을 때, 십자가 아래에 있는 마리아의 품처럼 지구의 얼굴이 피로 덮이고 있는 어제와 오늘의 고통의 길에 있을 때 우리는 십자가의 길 13처가 말하는 **피에타**의 신비에 더 가까이 있는 것이 아닐까?

나는 예루살렘의 주님 무덤 성당에서 예수가 죽은 곳과 부활한 곳이라 불리는 장소에 대해 생각한다. '비신자들의 손에서 그리스도의 무덤을 해방'시키려고 했던 사람들이 말굴레 높이까지 피로 채웠던 성전이다.

나는 히로시마에서 어느 여름날의 아침을 생각한다. 그날은 타보르산 위 빛나는 구름 속에서 변모한 주님을 기억하는 축일이었다. 거기서 7대 종교의 신앙인들과 함께 원자폭탄이 터져 죽음의 구름이 이 도시를 뒤덮던 날을 생각했다.

나는 아우슈비츠에서, 막시밀리안 콜베 신부가 있던 수용실에서, 사형 집행장과 가스실에서 그리고 끊임없이 용서의 기도를 올리는 카르멜 수녀원 경당에서 참회와 세상의 평화와 구원을 위한 간구를 생각한다.

나는 맨해튼의 9·11 테러 현장에서, 의기양양하게 추켜올려진 손가락에 의해 하늘에 닿을 듯 높은 건물이 땅에 갈라진 상처로 남았고, 우리의 손은 기도와 청원을 위해 모아야 한다는 생각을 한다.

아무도 알아주지 않고 아무도 주의 깊게 살피지 않는 치유되지 않은 상처와 흉터가 아직도 얼마나 많이 '어머니 대지'의 얼굴에 남아 있는가?

이러한 상처들 대부분은 우리가 막거나 견뎌 낼 수 없는 상처다. 그 상처들은 실제로 우리 영향력이 미칠 수 있는 범위 밖에서 온다. 때때로 우리는 상처들에 대해 알지 못한다. 혹은 우리가 상처를 보지 못하거나 보고 싶어 하지 않는다. 신문과 텔레비전 화면에는 우리가 진지하게 받아들일 수 없고 어제 들은 스포츠 경기 결과와 함께 단숨에 잊히는 상처가 넘쳐 난다.

우리가 악의 방식을 받아들일 때뿐 아니라, 그것에 익숙해질 때 악은 우리를 이긴다. 우리 시대에 가장 위험한 것은 많은 이들이 **자주 발생하는 것을 정상인 상태로 혼동**하고 이 정상을 '평범'하게 여기는 것이다. 자주 반복된 현상은 그 통계적 빈도로 인해 대중의 눈에는 악의 특성이 점점 사라진다. "거짓말도 백 번 하면 진실이 된다." 하지만 도덕률이 통계로 대체될 수는 없다.

따라서 통계라는 익명의 획일성에 매몰되어 악으로 인한 고난, 고통, 불의, 상처의 유일성을 지우지 않는 것이 매우 중요하다.

누군가는 마리아처럼 깨어 있어야 하고, 누군가는 이 고통을 '자신의 품에 안아야' 한다. 누군가는 이 고통이 잊히는 것을 막아야 하며, 누군가는 이 고통을 이해하지 못한다고 할지라도 '마음속에 간직'해야 한다(루카 2,50 이하 참조). 누군가는 골고타의 그늘에서부터 부활절 새벽의 여명까지 이 고통을 자신의 품과 마음에 지고 가야 한다.

주

1 복음서들 그리고 특히 외경이 암시하는 바에 따르면, 마리아 막달레나는 예수와 실제로 인간적으로 유별나게 가까웠다. 세간의 주목을 받으려는 욕망과 대중적 진부함을 충족시키고, 외경들이 암시하는 것에서 더 많은 것을 뽑아내려는 현대 문학의 노력은 분명 근본적으로 신학적 − 정신분석학적 연구로서 가치가 있을 수 있다. 예수의 결혼과 가정에 대한 상상은 사제 독신제와 사제의 성 스캔들을 다루는 미디어의 방식과 동일하다고 나는 생각한다. (물론 나는 이 문제들을 결코 가볍게 다루길 원하지 않는다). 소비와 향락의 사회에서 성이 하나의 중요한 상품이 되어 버린 시대에서 성性의 신성화와 절대화에 의문을 제기할 수 있는 것처럼, 예수의 독신과 사제의 독신도 믿을 수 없고 파기되어야 하는 것으로 여겨진다!

2 근본주의는 전형적인 근대의 이단이다. 근본주의는 '문자적', 즉 피상적이고 근대의 선입견들에 근거하여 명백히 불리한 텍스트의 이해가 순진하게 유일하고 참된 '원천적 의미'로 여겨지는 것에서 비롯한다. 근본주의는 전통에 대해 아주 진지하게 맹세를 하지만 근원적으로는 반反전통적이다. 근본주의는 전통의 극적인 흐름에서, 경전이 한 세대에서 한 세대로 전해지면서 많은 '패러다임의 변화'가 이루어지고, 단어 의미들이 바뀌는 것 등을 알아차리지 못한다. 그래서 신학적인 해석학이 필요하다. 원본을 찾아보는 것, 경전의 문학적 양식과 그 '삶의 자리'를 고려하는 것이 포함된다. 교회, 신학자들 그리고 신약성경 스스로(2베드 1,20 참조), 근본주의자들을 꾸짖듯이, 급히 서두르는 순진한 '사적 해석'에 대해 강경하게 경고했다.

3 현대의 성경주석학은 "나는 있는 나다"(또는 정확히 말해, 나는 있을 자로서 있을 나다)를 '이름'으로 이해하기보다, 사람들이 그들의 신들을 불러내는 '이름을' 밝히기를 거부하는 것으로 해석한다(그리고 이러한 사고가 역사에서 철학적으로 성과가 있었다고 할지라도, 이는 신적 본질에 대한 형이상학적 정의가 아니다).

4 파라클레이토스Parakleitos는 '보호자' 또는 '협조자'로 번역될 수 있다.

5 대림 시기에 부르는 성가인 'Rorate coeli'(하늘아, 이슬을 내려 다오)에 따라 이 성가를 입당송으로 부르는 대림 시기 중 특정 미사를 '로라테 미사'라 이름 붙였다.

13

변화된 상처들

우리 세계에서 긴급 구호소는 어디에 있는가? 저 먼 외국, 현재 방송 국 카메라들이 향하고 있는 전쟁터에만 있는 것은 분명 아니다. 그곳 을 향해 아마도 우리의 '낭만적' 감정이 자연스럽게 일어날 수도 있겠 다. 하지만 긴급 구호소는 우리 주변 곳곳에 있다.

"내 손과 내 발을 보시오." 그리스도는 오늘날 곤경에 처한 이들, 상처 입은 이들, 동족이나 이방인 모두의 입장에서 말한다. "나를 만 지고 살펴보시오. 유령은 살과 뼈가 없지만 보다시피 나에게는 있습 니다"(루카 24,39).

"남자든 여자든 그들은 그리스도의 살과 피, 손과 발, 꿰뚫린 옆구 리다"[1]라고 '동방교회의 수도자'라는 필명을 쓴 작가는 말했다. "우리 의 행동을 통해 그들 안에서 부활이 지금 여기에서 실현될 수 있다"라 고 덧붙이며, 그는 그리스도를 사회적 약자, 병자, 가난한 사람, 소외된 이에게서뿐 아니라, 특히 우리에게 낯설고 불쾌감을 주는 사람들에게서도 보라고 요청한다. "이러한 남자들과 여자들 중 많은 사람 안에서, 악하고 죄지은 사람들 안에서 그리스도가 다시 잡혀 있다. 고요와 침묵 중에 그분을 알아차리고 그들 안에 있는 그분을 찬양함으로써 그분을 구출하라."

어렵고 무거운 말이다. 누가 이 말을 들을까? 누가 이 말을 실천할까? 시도라도 해 볼까? 우리는 사회적 곤경에 빠진 사람들을 도와주어야 한다고 요청하는 설교에 익숙하다. 그리고 어쩌면 가끔 실천하기도 한다. 그러나 **원수에 대한 사랑**에 대해서는 자주 설교하지 않는다. 어쩌다 이 주제에 대해 설교할 때, 종종 설교자도 청중도 다소 날카롭게 표현된 이 말을 '문자 그대로' 받아들이지 않는다는 당황스러운 느낌이 들곤 한다. 그들은 이 말을 진지하게 받아들이지 않는다. 그저 교회에서 하는 말일 뿐이다! 예수의 이 말에 담긴 가장 큰 어려움은 우리가 '사랑'과 '미움'이라는 개념을 삶의 자세나 자발적 결단이나 우리 삶에 균형을 맞추는 것이 아니라 단순한 감정으로 여긴다는 데 있다. 감정은 '명령할 수 없다'는 것을 우리는 잘 알고 있다. 또한 예수의 받아들이기 힘든 명령을 실천해 보려는 선한 의지가 우리 안에 있다고 해도 부당한 일을 당했다는 감정은 끈질기게 남아 있다.

'동방교회의 수도자'는 우리가 일반적으로 받아들이려 하지 않는 사람들, '악인과 범죄자'를 받아들일 수 있도록 용기를 주는 새로운 신학적 · 영성적 조언을 준다. 그는 그들의 나쁜 짓을 좋아하고 받아들이라고, 그들의 비열한 행위와 성향을 눈감아 주고 별것 아닌 일로 여기고 용서해 주어야 한다고 말하지 않는다. 또한 그들에 대한 감정적 애정을 발전시켜야 한다고 요구하지 않았다. 그는 단순히 그리스도가 육화의 신비를 통해 **모든 인간의 인간성** 안에 현존한다는 것을 말한다. 그리스도는 '악인들' 안에 '사로잡혀' 있다. 악인들은 그에게 자유를 주지 않았고, 그들의 마음과 행위를 지배하도록 하지 않았기 때문이다.

그들이 '그리스도에게 속한다'는 것, 우리 또한 '그리스도에게 속한다'는 것을 안다고 해서 우리가 그 사람들을 악에서 해방시키는 것은 아니다. 일단 우리는 **그들과의 관계**에서 자유로워진다. "악한 사람들에게나 선한 사람들에게나 당신의 해를 떠오르게 하시고, 의로운 사람들에게나 의롭지 못한 사람들에게나 비를 내려 주시는"(마태 5,45 참조) 성부의 신실한 표상인 그리스도가 악인들에 대한 우리 태도에 들어오게 함으로써 그렇게 될 수 있다. 이것이 그들에 대한 우리의 내적 자세와 마음가짐, 우리의 태도와 행동에 어느 정도까지 영향을 줄지, 우리 행동이 그들에게 어느 정도까지 반응을 불러일으키고 그들에게 영향을 줄지 그리고 어쩌면 그들을 변화시킬 수 있을지는 이 드라마의 또 다른 서막이다.

그리스도는 언제나 요청, **제안**으로서, 응할 수 있는 초대로서, 열린 가능성으로, 있을 수 있는 하느님으로 온다. 그가 어떤 압박으로 우리를 조정하고, 우리의 자유를 존중하지 않을 수 있다는 것은 그에게 전혀 맞지 않는 이야기다. 그리스도가 자신의 말과 인격으로 우리에게 보여 주는 하느님은 우리에게 말을 걸고 청하지만, 우리에게 단 한 번도 어떤 것을 강요하지 않는다. **우리 그리스도교 증인 또한 이에 상응해야 한다.** 하느님을 알지 못하고 또는 그리스도를 진지하게 받아들이지 않는 사람들에게 불가능한 것으로 보이는 '가능성'의 지평, 다시 말해 예상 가능하며, 일상적이며, '논리적'이고, '당연한' 행위의 지평, **인간**이 어떻게 행동하고, **그 일**이 이 세상에서 어떻게 일어나는지 지평을 넓히기 위해 우리는 거기에 있다. '대안'으로서 우리는 이미 치유와 해방의 사명 그리고 많은 이들이 약간 몽상적으로 소개하는 '구마' 사명의 일부분으로 포함되어 있다.

이러한 일상적인 '구마'의 '초자연성'은 구마 행위에 대해 효과적으로 묘사하는 스릴 넘치는 영화 속에 있는 것이 아니라 전혀 다른 곳에 있다. 즉, 우리의 '불가능한' 행위를 통해 '가능한 것'의 경계, 우리 주변의 세상이 가능하고, '정상이고,' **당연하다**고 여기는 것들이 무너졌다는 사실에 있다. 우리가 기적을 낭만적으로 또는 계몽주의적으로 '자연법칙의 위반'이 아니라, 실제로 일어난 일, 다시 말해 **주어진 상황에서 우리가 예상하지 않은 일로 이해한다면** 우리는 기적을 행하라고 부름 받았다.

가능한 것은 우리 가능성 안에 있는 것, 또는 적어도 우리의 계획, 바람, 기대, 우리 상상력의 지평에 놓여 있는 것이다. (철학자 자크 데리다와 그를 따르는 포스트모던 신학자가 주장했다. 그들에게 자크 데리다는 점차 어떤 의미에서 그리스도교적 포스트모더니즘의 새로운 '교부'가 되었다.) **불가능한 것**은 이 지평을 완전히 부수고 거기에 근본적이고 신적인 새로움을 집어넣는 것이다. 예술이나 종교가 그

렇게 하듯이 말이다. 이전 책들에서 나는 하느님 나라를 '작은 신앙'만
이 들어갈 수 있는 '불가능한 것의 왕국'이라고 표현했는데, 이 '작은
신앙'만이 '불가능한 일'을 가능하게 한다. 달리 표현하자면, 내가 복
수를 할 수 있어도 용서하는 곳, 갖고 있거나 가질 수 있어도 주는 곳,
내가 평안하고 안락함을 만끽할 수 있어도 다른 이들을 위해 투신하
고 희생하는 곳이 하느님 나라다.[2]

상상 속일지라도 우리가 많은 이들에게 투사한 우리의 모습뿐 아
니라 그들에게 가진 '적의 표상'을 벗어 버릴 수 있다면, 그리고 그들
을 이상화하지 않고 그들에게서 **그리스도를 볼 수 있다면** 얼마나 많은
상처가 치유될까? 얼마나 많은 상처가 애초에 발생하지 않았을까? 이
는 다만 **우리 안에 있는 그리스도 표상**에는 찢긴 상처, 오점도 있고 내
가 덧씌운 이미지도 있다는 것, 우리 안에서도 다른 이들에게서도 예
수를 알아보는 것은 그렇게 쉽지 않다는 것을 인정할 수 있을 때만 분
명 성공할 수 있다!

세상의 상처를 치유하기 위한 첫걸음은 **우리의 회개**, 보속, 겸손
이다. 또는 비종교적으로 말한다면, 나 자신을 넘어서는 진리에 대한
용기다.

성당 고해소는 욕실이 아니다. 사람들은 종종 그렇게 생각하고
그러길 원하지만 고해소는 스스로 더럽힌 나의 이상적 이미지를 **빠**
르고 간단하게 씻어 내는 곳, 자신은 무죄하다는 기분 좋은 환상으로
돌아가기 위해 나의 '거짓된' 안식을 방해하는 것에서 자유로워지는
곳이 아니다. '화해의 성사'를 그렇게 남용하거나 오용하는 사람은, 고

해 사제이든 고백자이든, 그는 오히려 계속해서 자기 환상이나 자기 기만 같은 심각한 죄를 더한다. 그런 사람은 '죄까지도'(etiam peccata) 선에 유익할 수 있다는 아우구스티누스의 말을 이해할 수 없을 것이다.[3]

'눈에서 비늘이 떨어지듯' 참된 참회의 순간에 그리고 이 세상에서 우리의 자리와 위치를 실제적으로 발견한다면 죄는 우리를 도울 수 있다. 우리 역사('구원사')의 깊은 차원을 채우고 있는 선과 악의 영원한 싸움에서 중립적 관객의 위치에 있지 않고 또한 그럴 수 없다는 것을 깨달을 때, '선과 정의'의 관람석에서 당연히 그렇게 되리라는 순진한 확신이 우리를 편하게 해 줄 수 없다는 것을 깨달을 때 죄는 우리를 도울 수 있다. 이 선과 악의 싸움은 우리 마음을 통해서 진행되고 우리 삶 또한 싸움터이다. 우리는 상처를 입었다. 치유하기 위해, 또한 다른 이의 상처가 치유되도록 돕기 위해 우선 드러내 보여야 할 상처를 가지고 있다. 우리의 고통뿐 아니라 잊혔거나 발견되지 않고 그 위에 가해진 트라우마도 여기에 속한다. 좌절과 '운명으로 인한' 깊은 상처도 여기에 속한다. 우리가 타인에게 받았던 상처들, 또한 우리가 어쩌면 선의로(bona fide) **타인에게 가했던** 상처 그리고 우리가 자주 의식하지 못하지만 타인에게 받은 상처보다 우리 자신을 더 자주 괴롭히는 상처도 여기에 속한다.

나는 미사에서 '내 탓이오'(mea culpa)를 고백할 때면, 나를 죄 많고 부정한 사람으로 만들고 절망적인 죄책감과 자기 연민의 먼지 속으로 떨어뜨려 버리는 것이 아니라 자기 착각의 거짓된 천상에서 나를 다시 지상으로 내려놓는다. 그럼으로써 나는 하느님이 땅의 먼지로,

'무에서'(ex nihilo - 그분이 가장 좋아하는 재료다) 나를 어떻게 새롭게 창조하고 나에게 성령을 불어넣는지 경험한다.

구약성경은 인간이 먼지와 '영'으로 만들어졌다고 말한다(창세 2,7 참조). 시편 저자가 덧붙인 것처럼, 인간들은 죄로 인해 '먼지로 돌아가지만', 하느님은 용서를 통해 당신의 '영'을 다시 그들에게 보내 그들을 새롭게 '창조한다'(시편 104,29-30 참조).

❧

우리에게 와서 당신의 상처를 보여 준 그리스도가 '진리를 향한 용기'에 대한 격려가 될 수 있다는 것을 우리는 이미 보았다. 그는 다른 이들뿐 아니라 종종 스스로에게도 상처를 숨기는 '갑옷, 가면, 화장'에서 벗어날 용기를 준다.

이것은 우선 잊으려고 아무리 노력해도 생생하며 거듭해서 우리 눈에 띄는 트라우마와 관계있다. 최선을 다해 스스로를 속이거나 끊임없이 스스로에게 과도한 요구를 하면서 트라우마를 숨기거나 과장하거나 보상받기 위한 모든 노력은 사람을 지치게 한다. 모든 경우에는 아니지만, '거슬러 행하라'(agere contra)는 이냐시오 성인의 조언은 적절하다. 예를 들어 우울증으로 고통받는 사람이 계속해서 농담을 하려고 노력하는 것은 시간이 지나면서 그를 더 지치게 한다. 이런 식으로 우리 안에서 그 존재를 알리고자 하는 것 그리고 그것에서 도망치거나 다른 것으로 보상하거나 그것을 의식에서 떨쳐 내려는 모든 시도에 반하여 우리는 그것들이 말하게 하고 그것의 실체를 직시해야 한다. 종종 이러한 문제들 앞에서 계속 도망치는 것보다 우리 자신의 내부에서 그 문제들을 직시하는 것이 덜 피곤하고 덜 아프고 덜 위험하다.

인간이 트라우마, 아픔, 상처와 문제가 있는 상태에서도 **하느님이 우리를 있는 그대로 받아들인다**는 확신에 의존할 수 있다면, 이 받아들여짐에 대한 단순한 이해만으로도 많은 경우 정신과 의사를 만나는 것보다 더 편안함을 얻을 것이다. 그리고 스스로 만든 스트레스와 악마들에서 벗어날 것이다. (물론 정신과 치료를 폄하하는 것이 결코 아니다. 많은 경우 내적 화해와 치유를 위한 정신과적 방법을 배제해서는 안 된다.)

그럼에도 우리가 '성공적으로' 쫓아냈거나 우리 의식의 가장 밝은 부분으로 나오지 못했던 트라우마도 존재한다. 이러한 것들이 기도 중에 또는 정신과의 의자에서 또는 인생의 특별한 어떤 순간에 우리 의식으로 다시 돌아오면, 성경 곳곳에서 하느님이 인간의 세계로 오실 때 하신 이 말씀이 도움이 된다. "두려워하지 말라!"

그렇다, 어두운 한밤중에 돌연 나타나 싸워야 했고 우리에게 상처를 주면서 오랫동안 적처럼 굴었던 것이 결국 하느님의 사자임을 알아차릴 것이다. 우리가 용감하게 싸웠다면 그는 이른 아침에 축복을 줄 것이다. 성경의 주요 장면 중 하나인 야뽁 건널목에서 있었던 야곱과 하느님과의 씨름을 기억해 보자(창세 32,23-33 참조).

구약과 신약 성경에서 우리가 요구받는 완전성은 무결점에 있는 것이 아니라, 전체성(Ganzheit)에, 원만성(Vollständigkeit)에 있다. 전체성을 향한 첫걸음은 회개에 따른 겸손이다. 나 또한 **그렇다!**

육화의 신비를 숙고하면서 옛 교부들은 **받아들여지지 않는 것은 구원받을 수 없다**고 가르쳤다. 하느님이 당신의 상처를 보여 주는 은총(참으로 정교하고 복잡한 은총이지, 결코 유치한 은총이 아니다)을 우리에게 준다면 가장 우선 그분이 원하는 것은 **그분을 받아들이는 것이다.** 또한 이러한 삶의 사실들에 '예'라고 응답할 수 있는 것이다. 이 '예'가 완전한 이해를 동반하지 않더라도, 우리 안에서 '왜?' 혹은 '왜 나인가?'라는 물음이 남아 있을 때도 응답하는 것이다.

나는 상처를 가지고 있어도 된다! 이것이 치유를 위한 보다 위대하고 해방하는 치료법이다. 나는 영화나 드라마에 나오는 영웅처럼 강하거나 아름답거나 성공할 필요가 없다. 시시콜콜한 모든 것에 대한 광고가 어디를 가도 넘쳐 난다. 나는 그 광고판 속 멋쟁이처럼 흔들림 없이 건강하고, 행복하다고 꾸밀 필요가 없다. 나는, 대부분 포토샵으로 보정한 선거 홍보물 속 정치인처럼 쭉 뻗은 손과 진주알처럼 하얀 미소를 지니고 결연한 눈빛으로 깜빡거리는 눈을 가질 필요가 없다.

하느님이 내려와 바빌론에 세운 탑을 보셨을 때와 같이(창세 11,3-5 참조), '주님께서 그들을 비웃으신다'(시편 2,4 참조). 우리도 그분과 함께 웃을 수 있다. 진정으로 나로 존재하는 것을 허락할 때 그것이 참으로 자유롭게 한다.

나의 진실함을 통해 내가 참으로 어떻게 존재하는지를 겸손하게 발견하고 수용하는 순간, 나는 다시 **있는 자**인 **그분의** 참된 표상이 되지 않을까? 역설적으로, **나의 불완전성**을 **받아들임**으로써 하느님이 당신의 인장, 당신의 표상으로서, 또한 소명과 임무로 인간에게 찍어 놓은 **전체성**을 향한 결정적 발걸음을 내딛는 것은 아닐까?

❧

'운명'과 '다른 이'가 나에게 상처를 **줄 수 있다**. 내가 상처를 수용하고 나의 진짜 모습을 받아들일 때, 많은 상처들이 트라우마가 되는 것을 멈춘다. 그리고 기만하고 숨기고 은폐해야 한다는 부담에서 가벼워 지고 또한 광고들이 지속적으로 지시하는 것, 나에게 강요하는 외부 의 요구들 그리고 정말로 내가 할 수 없고 해서도 안 되는 것을 유혹하 는 것들에서 자유로워진다.

그렇다면 내가 다른 이에게 입힌 상처들은 어떻게 되는가? 그리 고 나의 사적인 문제가 아닌 나의 관계 영역을 침해했기에 입힌 상처 들은 어떻게 할 것인가? 나는 이 물음들에 놀랄 만큼 새로운 답을 제 시할 수 없다. 다만 이뿐이다. 용서를 구할 수 있을 때 용서를 구해야 하고, 그 일을 되돌릴 수 있을 때 되돌려야 한다. 또한 화해할 수 있을 때, 화해하기 위해 노력이라도 해야 한다.

내가 상처를 입히고 무시해 버렸던 것을 정말로 더 이상 보상할 수 없을 때는 이 문제를 **포기할 수** 있어야 한다. 여기서는, 그 일을 하 느님의 자비의 불꽃 속에 놓아두고 **자기 자신 또한 용서하기 위해 그 분의 용서를 신뢰하는** 용기를 갖는 것이 중요하다. 나의 오랜 잘못들이 하느님에게 가는 기도 또는 성사의 문을 통과했다면, 내가 그 잘못들을 하느님의 자비 앞에 내어놓고 그분과의 대화를 통해 그 잘못들이 나를 위한 **경험**이 되었다면, 그리고 경솔하게 비슷한 잘못을 반복하지 않도록 나에게 도움이 된다면, 이는 **그 잘못에서 영원히 해방하는 믿음의 행위**다. 이로써 그 잘못들은 나에게 결정적인 과거, 해방된 과거가 될 수 있고 되어야 한다. 나는 이제 더 이상 잘못들을 걱정할 필요가 없고 해서도 안 되며 그 과거는 하느님께 넘겨졌다. 이러한 과거에서, 여전히 뜨거운 기억의 잿더미에서 계속해서 죄책감이 타오른다면, 그 죄책감이 더 이상 치유하는 겸손함으로 이끌지 못하고, 기뻐하고 자유를 만끽하고 선행을 행하고자 하는 능력을 마비시킨다면 나는 이것을 다른 **유혹들**처럼 다루어야 한다. 성가신 파리처럼 쫓거나 낯선 정원 울타리 안에서 짖어 대는 개처럼 무시해야 한다.

하느님의 자비를 믿을 수 없고, 자신을 용서할 수 없으며, 죄의식에서 해방될 수 없는 사람들이 있다. 그들은 거듭해서 새로운 보속 행위로 자신을 괴롭히고, 도처에서, 더구나 실제로 죄가 없는 곳에서도 죄를 본다. 그들은 지나치게 꼼꼼하고, 신중하고, 겁이 많은 사람이다. 영적 생활에서 자주 발생하는 문제들에 대한 인상적인 분석을 제시하는 작가 아메데오 첸치니는 이 지독한 꼼꼼함에서 나르시시즘을 본다. "그러니까 지나치게 꼼꼼한 사람이 자책을 할 때는 양심의 연약함이 아니라 자아 또는 초자아의 명령으로 인한 것이다. 자기애에 상처를 입어서 스스로 판결을 내리고 모든 가능한 종류의 벌을 줌으로써 … 자신에게 복수하고 다시 안정을 찾도록 한다. 이 모든 것에는 늘

과시 행위와 절대적 완전성에 대한 멈출 수 없는 동경이 들어 있다. …
그는 **자기 죄의 정체를 결코 인지하지 못하기 때문에, 용서를 체험하지
못한다.** 그는 자신의 죄를 찾아낼 수 있다는 두려움을 안고 살아가면
서, 그가 진정으로 죄인이라는 것을 인정하지 않는다. 그는 큰 잘못을
저질렀다는 생각을 피하기 위해 사소한 것에서 죄를 본다."⁴ 그의 끊
임없는 의심과 자책은 '**진짜 죄인**'인 자기 자신을 맴도는 자기애에서
비롯된다. 그는 자기 주위만 맴돌며 하느님의 사랑을 간과하고, 해방
하고 치유하는 진리를 결코 경험하지 못한다. 이 사랑은 **그의 죄보다
크다**(1요한 3,19-20 참조).

　　우리는 진리 안에 살도록 부름 받았다. 우리가 참으로 조심해야
할 죄는 자기 자신을 속이는 것이다.

❧

그러나 우리가 전통적인 '양심 성찰 목록'에서 알고 있듯이, '자기 자
신에 대한 죄', '다른 이에 대한 죄' 그리고 '하느님에 대한 죄'로 죄를
분류하는 것, 이와 마찬가지로 내가 가한 상처와 받은 상처의 엄격한
구분은 사실 인위적인 구분이 아닌가?

　　인간이 타인과 함께, 타인을 위해 존재하는 한 인간은 인간이다.
나에게만 영향을 미칠 뿐 다른 이에게는 전혀 상관없는 '사적인 죄'
는 없다. 그리고 다른 이에게 한 나의 모든 행동은 나 자신에게도 상처
를 준다. 개인 생활의 폐쇄된 공간에서 자기 자신을 왜곡하는 것은 결

국 내가 다른 사람들에게 빚지고 있고, 내가 다른 이와 세상을 위해 존재해야 한다는 힘과 열성을 앗아 간다. 우리 신앙이 우리에게 가르치듯이, 하느님은 우리 각자를 대체할 수 없는 원형으로 창조했다. 조물주 또는 골동품 수집가의 단순한 열정이라기보다, 여기서 성경도 주저하지 않는 순진하게 의인화된 언어를 써도 된다면, 바로 세상을 위한 누군가, 무엇보다 다른 사람들을 위한 누군가가 **필요했기** 때문이다. 우리가 우리의 책임을 통하여 하느님의 비할 데 없는 창조물과 이와 연결된 그분의 의도에 골몰하지 않고, 발전시키지 않고, 심지어 이를 망가뜨린다면, 우리는 자신에게 상처를 입힐 뿐만 아니라, 타인에게도 그릇된 행위를 하게 되고, 배은망덕과 어리석음으로 창조주에게 죄를 짓게 된다.

우리가 다른 이에게 상처를 입히면, 예수가 가르쳤듯이 우리의 말과 생각 또는 의도를 포함한 그 모든 행위는 우리 자신 안에도 새겨진다. 그 행위가 경쟁 사회에서 우리에게 어떤 이익을 가져다준다고 할지라도 말이다. 우리는 '계속되는 창조'(creatio continua)의 일부다. 또한 우리는 선행과 악행으로, 또한 하느님을 통해 **우리 자신 스스로** 아직 끝나지 않은 창조 사업에 참여한다. 그리고 우리는 창조주의 의도를 창조적으로 수행하거나 또는 무의미하고 어리석게 망가뜨리려고 한다. 이러한 우리의 모든 날, 모든 행동, 모든 말과 생각은 **옹기장이**의 물레 위에서 영원히 회전하는 그릇에 그 흔적을 새겨 넣는다.

단지 우리의 인간애뿐 아니라, 하느님과 나누는 친교와 그분과 우리의 관계는 끊임없이 우리 인간존재를 형성한다. 동시에 우리 자신과의 관계, 타인과의 관계, 하느님과의 관계는 여러 면에서 분리될 수 없게 맞물려 있다. 그래서 바로 이렇게 말할 수 있다. 인간은 하느님과 함께, 하느님 앞에, 그리고 하느님을 위한 존재일 때 인간이다.

어떻든지, 많은 사람이 이렇게 이의를 제기한다. 그렇다면 **무신론자들**은 가치 있는 인간이 아니란 말인가?

이 물음에 답할 때 나는 신중하게 구분해야 한다. 무신론자라고 자칭하는 사람 대다수가 '명목상 무신론자'라고 나는 확신한다. 그들은 그리스도교 신앙이 열어 주는 모든 신비를 하느님이라 부르지 않기 때문에 스스로를 무신론자라 부른다. 그럼에도 그들은 이러한 신비에 열려 있고, 어떤 경우에는 많은 그리스도인보다 더 깊은 관계를 맺고 있음이 분명하다. 분명하지 않다고 하더라도 그 관계가 전제되어 있을 것이다. 하느님 아버지와의 관계는 그분을 그렇게 부르는 것을 통해서만이 아니라, 오히려 서로를 형제자매처럼 대하는 것으로 확인된다. 창조주 하느님과 맺는 관계는 세상의 기원에 관한 견해만이 아니라, 오히려 본질적으로 자연과 맺는 우리의 관계에서 확인된다. 육화의 신비와 관련된 증언은 단지 미사 전례에서 믿음을 고백하는 사도신경의 구절에서만이 아니라, 무엇보다 우리가 다른 동료 인간과 나누는 친교를 통해 확인된다.

많은 경우 실제로는 **신앙의 신비**를 살아가는 단순한 '명목상 무신론자' 외에 **실존적 무신론자**가 존재한다. 이들은 타인과 자연을 업신여김으로써 자신이 '다른 편'에 서 있음을 선언한다. 스스로 신자가 아니라고 하는 사람들에게서뿐 아니라 스스로 경건하고 신심 깊다고 여기는 사람들에게서도 이런 종류의 진정 위협적인 **무신론** — 그러나 실상은 인간의 결함을 의미하는 무신론 — 을 찾을 수 있다고 내가 덧붙일 필요는 없을 것이다.

누가 구체적으로 어떤 범주에 속하는지 결정할 권리는 아무에게도 없다. 사람이 살아가는 한 불신앙과 신앙의 극적인 싸움은 모든 인간의 마음 안에서 진행되기 때문이다. 한 인간의 삶의 총체가 "그분 오른편 혹은 왼편"에 있을지 인간에게 계시되는 것은 그리스도의 최후의 심판에 달려 있다. 그리고 이 최후의 심판에 대한 복음서의 이야기는 **모두가 놀랄 것**임을 보여 주고 있다(마태 25,31-46 참조).

✼

보속과 관련하여, 우리가 바꿀 수 없는 일들은 **포기하고 '놓아주어야'** 한다고 말했다. 이는 우리 마음의 고통스러운 상처에도 적용된다. 커다란 상실, 특히 가까운 사람들을 잃은 고통도 이에 속한다.

죽음이 사랑하는 사람을 데려가는 것 또는 누군가가 나를 떠나는 것은 확실히 다른 형태의 상처다. 후자의 경우에는 종종 우리를 배반하고 속였다는 고통이 수반된다. 그리고 우리는 사랑이 미움으로 돌변하고, 용서의 약 대신 복수를 갈망하는 독약에 빠지지 않도록 싸워야 한다. 그럼에도 우리는 종종 **모든** 큰 상실에서 오랫동안 고통스러운 과정을 체험한다. 일반적으로 그 과정에서 심리학자들이 설명하는 단계를 거치게 된다. 충격과 거부, 이 사실을 믿고 '협상'하려는 노

력 그리고 어리석은 기대, 어떻게 해서든 이 고통스러운 상황을 '회피'
하거나 부정하는 단계다. 그런 다음 때때로 분노와 저항의 감정을 동
반한 내적 싸움, 포기의 순간이 온다. 그러나 결국에는 화해로 인한 평
화와 현실을 수용하는 단계에 이른다. (몇몇 작가들은 불치병에 걸린
사람들, 자신이 죽음의 문턱에 서 있거나 가까운 이의 죽음을 지켜본
사람들이 이와 비슷한 단계를 거친다고 말한다.)

　이러한 시련과 고통의 시간에, 특히 죽음으로 인한 피할 수 없는
이별에 직면해서 교회의 전례는 상처를 치유하는 데 중요한 역할을
할 수 있다. 모든 위대한 종교의 보물 창고에 이와 비슷한 의식이 있
다. 그리고 세속 사회에서도 교회의 이 역할을 모방하고 대체하려고
시도하고 있다. 우리가 살면서 가까운 사람과의 관계에서 입은 상처
를 유감스럽게도 치유하지 못했을 때, 이별 예식을 통해 '그를 보내 주
는' 내적 용서 혹은 용서를 청하는 것은 큰 의미가 있다. (사실 상처 자
국 없는 밀접한 관계가 있을까?) 우리 안에서 '죽음 이후의 삶'에 대한
관념이 거의 인지하지 못할 정도로 희미하고 불분명한 물음표 형태
로 퇴색되었다 할지라도, 우리가 적어도 하느님을 진지하게 받아들
이는 한 죽은 사람이 통과한 그 문이 '무'無로 인도하지 않는다는 희망
을 저버려서는 안 된다. 비록 그들이 우리 기억에서 결국에는 사라져
야 할지라도, 하느님은 모든 사람과 모든 것 안에 언제까지나 보존되
어 있는 기억의 근원처럼 영원할 것이다.

　프로이트의 용어를 빌린다면, '**애도**'(Trauerarbeit)의 시간을 '건너뛰
고', 우회하고, 감추거나 또는 의식에서 떨쳐 내려고 하는 것은 정말

도움이 되지 않는다. 이따금 우리는 가까운 사람의 인생사가 끝나고 더 이상 우리와 함께 살지 않을 때 그가 '우리 안'에서 더욱 실제적이고 더 깊게 사는 것을 경험한다. 그리고 우리는 그들이 우리를 위해 존재했던 한 부분을 계속 가지고 있다. 그러나 애도의 시간은 치유의 시간이자 수단이어야지 옛 상처를 파헤치는 시간이어서는 안 된다. 우리가 고인을 정말로 '놓아주어야' 하는 시간이다.

여기서 신앙은 대체할 수 없는 역할을 한다. 신앙은 우리가 고인을 배신한다거나 은혜를 잊어버린다는 걱정을 하지 않고 이 단계를 거칠 용기와 신뢰를 준다. 그들이 지나간 그 문은 비참한 방식으로 닫히지 않았고, 그들과 우리를 갈라놓는 벽을 뚫을 수 없는 건 아니다. 우리의 감각에, 그리고 감각적 지식의 한계에 머무르는 사람들에게는 죽은 이들이 접근할 수 없다. 그러나 예수처럼 죽음의 닫힌 문을 통과해 어떤 것도 갈라놓을 수 없는 결합으로 들어가는 세 가지 방법이 우리에게 주어졌다. 바로 믿음, 희망 그리고 사랑이다. 이 중 죽은 이를 계속 살아 있게 하는 것은 바로 사랑이다.

✤

하느님이 그 상처와 함께 우리를 온전히 받아들인다는 믿음으로, 우리가 신앙의 힘 안에서 우리의 상처를 받아들일 수 있다면 그 상처들은 변화된다. 상처들은 영원히 그리고 반드시 고통을 멈추어야 한다는 것을 의미하지 않는다. 몸의 오래된 흉터와 상처도 날이 궂으면 신호를 보낸다. 상처는 우리의 삶에서 완전히 다른 자리를 차지하며, 이제 우리 삶 그 자체는 더욱 충만하고 온전하며 풍요롭다.

부활한 그리스도의 상처에 대해 말하는 체코의 부활절 성가가 있다. "그리스도의 상처는 치유되었고, 그분은 보석처럼 빛난다." 중세 독일의 위대한 신비주의자 빙엔의 힐데가르트 성녀 또한 우리의 상처는 진주로 변화되었다고 가르친다.

안셀름 그륀은 이에 대해 이렇게 썼다. "나의 상처가 진주로 변화된다는 것을 나는 내 상처를 소중하게 여긴다는 것으로 이해한다. 내가 상처 입은 곳에서 나는 타인에게 더욱 감정이입을 한다. 그들을 더 잘 이해한다. 내가 상처 입은 곳에서 나 자신의 마음과 대면하고 나의 참된 존재와 만난다. 나는 내가 강하고, 건강하고, 완벽하다는 환상에서 벗어난다. 나는 나의 약점을 깨닫게 되고, 이렇게 깨달음으로써 나는 더 진정성 있고, 더 인간적이고, 더 따뜻하고, 다른 이를 더 잘 이해하는 사람이 된다. 내 상처가 있는 곳에 너의 보물이 있다. 거기에서 나는 나 자신과 대면하고 나의 소명을 알게 된다. 거기에서 나의 능력을 발견한다. 상처 입은 의사만이 치유할 수 있다."[5]

❧

현대의 위대한 가톨릭 신학자 칼 라너는 제2차 바티칸공의회 고문으로 있을 때 한 스페인 신부에게 요청을 받았다. 공의회가 예수성심을 공경하는 결정을 하도록 지원해 달라는 것이었다. 일부 여성 신비주의자들에게서 영감을 받은 이 예수성심 공경은 근대 말 몇 세기 동안 대중 신심에서, 교회력의 전례에서 그리고 교황들의 공식 문서에서 점점 중요성이 커졌다. 그러나 제2차 바티칸공의회 문헌들은 예수성심 공경에 대해 단 한 마디도 언급하지 않았다. 그 요청에 자극을 받아 칼 라너는 한 에세이에서 "이런 유형의 신심은 아마도 할머니의 먼지 쌓인 장롱 속 '프라하의 아기 예수' 성상처럼 과거의 유물이 될 것이다"라고 썼다. 라너의 가장 아름다운 글 「구멍 뚫린 심장을 가진 사람」의 한 구절이다.[6]

라너는 계속해서, 비록 대중 신심에서는 이러한 형태의 공경이 사라지겠지만 다가오는 세대에는 사제 영성의 신비가 될 수도 있다고 말한다. 내일의 사제는 어떤 모습일까? 사제는 모든 형제자매들의 존재의 무거운 어둠을 진심으로 함께 괴로워하는 사람이 될 것이다. 사제는 사람들이 신뢰할 수 있고 의지할 수 있는 사람이 될 것이다. 내일의 사제는 교회의 사회적 권력에서 비롯된 힘을 얻는 사람이 아니라, 무력한 사람이 될 용기를 지닌 사람이다. "내일의 사제는 사명을 수행하는 데 최소한의 세속성만 인정하는 사람일 것이다. 그의 본질적 성공은 언제나 하느님의 신비 안으로 들어가 사라지는 것이기 때문이다. 그는 시대에 뒤떨어진 마술사 복장을 입은 심리치료사가 아니기 때문이다. … 사제는 스스로 굴복한 곳에서 하느님이 승리하도록 한다. 사제는 자신의 말과 성사로 은총을 더 이상 전할 수 없는 곳에서도 활동하는 하느님의 은총을 볼 것이다. … 그는 은총의 힘을, 고백하는 신자 수에 따라 평가하지 않을 것이고, 자기 없이 하느님의 자비가 그분의 일을 할 수 있다는 확신이 있다 하더라도 그가 하느님의 일과 소명을 받았음을 알게 될 것이다." 라너는 내일의 사제는 구멍 뚫린 심장을 지니게 될 것이라고 글을 마친다. "내일의 사제는 신의 존재를 부정하는 현존재(인간) 때문에 꿰뚫리고, 사랑의 어리석음에 꿰뚫리고, 실패로 꿰뚫리고, 자신의 비열함과 깊은 의심에 꿰뚫린다. 그러한 심장을 통해서만 소명의 모든 힘, 즉 사제직의 모든 권한, 말의 모든 객관적 타당성이 전달된다고 믿는다. 내일의 사제는, 성사가 꿰뚫린 심장의 이 형언할 수 없는 중심을 통과해 인간에게 갈 때에만 은총의 하느님을 통한 구원 사건으로 변화되어 그 힘을 전달한다는 사실을 믿는다."

주

1 *Anleitung zur Anrufung des Namens Jesu. Von einem Mönch der Ostkirche*, hrsg. von Jungclaussen, E. (Regensburg: Pustet 1989) 39.

2 Halík, T., *Noc zpovědníka. Paradoxy malé víry v postoptimistické době* (Praha: Nakladatelství Lidové noviny 2005).

3 아우구스티누스는 "하느님 결정대로 부르심을 받은 이들에게는 만사가 선하게 이루어져 간다"(로마 8,28)는 바오로의 말을 '죄까지도!'(etiam pecata)라고 주해를 달았다. 아우구스티누스 수도회 출신 마르틴 루터는 분명히 도발하려는 의도로 이렇게 말한다. "용감하게 죄를 범하라!"(pecca fortiter). 이는 물론 많은 저항을 유발했다. 자신의 죄를 아는 인간은 회개, 보속 그리고 순종하며 하느님 은총의 선물을 향해 자신을 개방할 수 있다. 반대로 스스로 의롭다 생각하는 사람은 자신의 교만한 폐쇄성으로 이 하느님의 선물에 결코 자신을 개방하지 않는다.

4 Cencini, A., *Život v usmíření* (Praha: Paulinky 2008) 14-15.

5 Grün, A., in: *Máš před sebou všechny mé cesty. Sborník k 60. narozeninám Tomáše Halíka* (Praha: Nakladatelství Lidové noviny 2008) 107-108.

6 Rahner, K., Der Mann mit dem durchbohrten Herzen. Herz-Jesu-Verehrung und künftiges priesterlich Daein. in: Ders., *Knechte Christi* (Freiburg: Herder 1967) 124-126.

14

마지막 행복 선언

토마스 사도는 보았기에 믿었다. 그는 보석으로 변한 상처를 보았다. 그는 극복된 고통을 보았다. 그는 고통과 죽음이 최종 결정권을 갖고 있지 않다는 것을 보았다. 그래서 그는 그리스도교 신앙의 핵심을 이루는 것을 믿을 수 있었다. 바로 그리스도를 통해 드러난 하느님, 부활, 죽음을 이기는 사랑에 대한 믿음이다. 하지만 무엇과도 비교할 수 없는 것을 본 이들에게 무슨 일이 일어났는가?

구원을 경험하지 못한 이들, 고통의 밤을 지낸 후 태양이 떠오르는 것을 보지 못한 이들, 상처는 더욱 곪아 가고 고통은 더욱 깊어 가는 수많은 이들이 토마스 사도에게 왔다. 보지 못한 그들에게 우리는 무엇을 제시할 수 있을까? 그들에게 예수의 행복 선언은 단호하게 말한다.

복되어라, 영으로 가난한 사람들! 하늘나라가 그들의 것이니.

복되어라, 슬퍼하는 사람들! 그들은 위로를 받으리니.

복되어라, 온유한 사람들! 그들은 땅을 상속받으리니.

복되어라, 의로움에 굶주리고 목마른 사람들! 그들은 배부르게 되리니.

복되어라, 자비를 베푸는 사람들! 그들은 자비를 받으리니.

복되어라, 마음이 깨끗한 사람들! 그들은 하느님을 뵙게 되리니.

복되어라, 평화를 이룩하는 사람들! 그들은 하느님의 아들들이라 일컬어
지리니.

복되어라, 의로움 때문에 박해를 받는 사람들! 하늘나라가 그들의 것이니.

(마태 5,3-10)

예수의 산상 설교의 장엄한 시작인 '행복 선언'을 모르는 사람이 있을
까! 그러나 요한복음서 마지막 '의심하는 토마스 사도'와 만나는 장면
에서 예수는 한 번 더 **마지막 행복 선언**을 한다. 사도에게 이렇게 말한
다. "당신은 나를 보고서야 믿었습니다. **보지 않고도 믿는 이들은 복됩
니다!**"(요한 20,29).

　많은 복음서 주석가들은 산상 설교의 행복 선언은 '인간의 여덟
가지 유형'이라기보다 예수 제자들에게 전하는 여덟 가지 생활 기준
이라고 주장한다. 이제 여기에 아홉째가 추가된다.

　이 마지막 행복 선언은 앞선 행복 선언을 이해하는 열쇠가 아닐

까? 우리는 **보지 못했고** 오늘날까지 보지 못하기 때문에 **따라서** 가난하고, 슬프고, 정의에 목말라하는 것은 아닐까? 마음이 깨끗한 사람들에게만 지금까지 지복직관(visio beatifica)이 **약속되었다**. 그들 또한 아직 '본' 것은 아니다. 예수는 "보지 못하는 이들은 보게 하고 보는 이들은 소경이 되게 하려"(요한 9,39)고 이 세상에 왔다. '진리의 소유자'라는 바리사이들은 예수의 이 말을 듣고 놀라 물었다. "우리도 소경이란 말이오?" 예수가 대답한다. "당신들이 차라리 소경이었더라면 당신들에게 죄가 없었을 것입니다. 그러나 당신들은 지금 '우리는 본다'고 하니 당신들의 죄는 그대로 남습니다"(요한 9,40-41).

행복 선언에서 예수는, 우리가 예언자적 시선으로 보지 못했던 과거와 지금도 보지 못하는 현재에서 벗어나 우리의 시선이 하느님 나라라는 종말론적 미래를 향하게 했다. 그곳에서 우리는 하느님을 뵐 것이고 배부르게 되고 기뻐할 것이며 자비를 얻게 될 것이다. 그러나 마지막 행복 선언에서 예수는 어떤 약속도 하지 않았다. 이것은 아마도 '보지 못하는' 상태를 믿음 안에서 견뎌 내는 사람들은 이미 그 믿음 자체에서 보상을 얻었다는 것을 의미하는 것일까? 이는 비록 믿음을 보지 못하는 눈에서 신비의 베일을 벗겨 내지 못한다 하더라도 믿음 자체가 현 상태를 의미로 채우고, 이 상태를 변화시키고, 이 상태에 가치와 깊이를 부여한다는 것을 의미하는가? "믿음은 우리가 바라는 것들의 보증이며 보이지 않는 실체들의 확증입니다"(히브 11,1).

교황 베네딕도 16세는 회칙 『희망으로 구원된 우리』*Spe salvi*에서 이 구절에 쓰인 그리스어 '엘렝코스'*elenchos*(논박)가 단지 신앙인의 주관적 의미의 '확신'이 아니라 객관적 의미의 '증명'을 뜻한다고 강조한다. "믿음은 단순히 아직 전혀 존재하지 않지만 앞으로 올 것에 대한 개인적인 지향이 아닙니다. 신앙은 우리에게 무엇인가를 줍니다. 신앙은 지금 당장에도 우리가 바라는 실제적인 어떤 것을 줍니다. 그리고 이러한 현재의 실재가 아직 보지 못한 것의 '확증'이 되는 것입니다. 신앙은 미래를 현재로 이끕니다. 미래가 더 이상 단순한 '아직 아니'가 될 수 없는 까닭입니다. 이러한 미래가 존재한다는 사실이 현재를 바꿉니다. 미래의 실재가 현재와 접촉하여 미래의 것들이 현재 있는 것들에 쏟아져 들어오고 현재 있는 것들이 미래의 것들에 쏟아져 들어갑니다"(7항). 신앙을 통해 우리가 바라는 것은 실체(*hypostasis*)이다. 이것의 의미를 베네딕도 16세는 이렇게 적고 있다. "신앙을 통하여 우리가 바라는 온전하고 참된 생명이 최초의 상태로, 말하자면 '싹으로', 따라서 '실체'(substantia)에 따라 이미 우리 안에 있다는 것입니다. 그리고 바로 이것이 이미 존재하기 때문에 앞으로 올 것의 현존도 확신을 주는 것입니다. 이 '앞으로 올 것'이 아직은 외부 세계에 모습을 보이지는 않지만('나타나지' 않지만) 초기의 역동적 실재로서 우리 안에 있다는 사실 때문에 지금 이미 어느 정도 인식할 수 있다는 것입니다"(7항).

중요한 것은, 교황이 이 중요한 주석에서 '확증'이라는 단어를 따옴표로 표시했다는 것이다. 여기서 확증은 의심을 허락하지 않고 반대 의견에 분명하게 반박하는 수학적·과학적 증명도 철학적·논리적 증명도 아니다. '믿음이 없는 세상'에 줄 수 있고 주어야 하는 확증은 '증인', 삶으로 보여 주는 증거다. 믿음과 관련하여 '실재'는 우리 세계에서 모든 것에서 명백하고 눈에 보이는 사실이 될 '행위'가 아직 되지 않았다. 우리는 다만 증인으로 살아가면서 세상에 얼핏 보여 줄 수 있을 뿐이다. 우리는 우리가 품은 희망에 대해서 누가 그 사연을 묻든지 언제나 해명할 준비를 하고 있어야 한다(1베드 3,15 참조).

우리 자신이 '보지 못했던' 사람들에 속하고, 심지어 '보는 자'와 '아는 자'의 역할을 해서는 안 된다는 경고를 받는다면, 우리는 어떻게 해야 할까? 답은 이렇다. 우리는 우리가 '보는 것', 우리의 '생각'과 확신이 아니라, 우리의 희망, 우리의 신앙, 우리의 사랑에 대해 해명해야 한다. 세상의 어두운 곳 구석구석에 더 많은 빛이 비치도록 우리는 이를 확증하고 증명해야 한다.

✦

"보지 않았지만, **그럼에도** 믿는 사람은 행복하다." 참된 신앙, 복된 신앙은 늘 '그럼에도 불구한 신앙', '그럼에도 또한 신앙'이라는 특성을 지닌다. 입증 가능하고 이해 가능한 경계를 넘어서는 희망을 품은 용기 있는 발걸음이라는 특성을 지닌다.

예수가 첫 제자들을 부르고, 밤새도록 물고기 한 마리도 잡지 못한 제자들에게 다시 바다에 그물을 던지라고 한 장면에서 훗날 '사도들의 우두머리'가 되는 베드로가 이렇게 고백한다. '저희가 밤새도록 애썼지만 한 마리도 못 잡았습니다. **그럼에도** 스승님께서 말씀하시니 제가 그물을 치겠습니다'(루카 5,5 참조).

그분 말씀에 대한 신뢰는 희망을 낳는다. 그분 말씀은 오늘날 우리에게 증거자의 말이다. 토마스 사도처럼, 또한 보지 않고 **그럼에도 그분을 따르는 사람처럼 그분 말씀으로 사도들은 증거자가 된다**. 여러 방법으로 불신앙과 불신으로 이끌 수 있는 '가시적 세계'에서 나와 '보이지 않는 세계'로, 이해할 수 없고 보이지 않는 '실재'의 숨겨진 신비의 품으로 뛰어들 믿음과 용기를 우리 신앙이 지닌다면, 우리도 '증인'이 된다. 세상의 부조리에 부딪힌 고통, 의심과 냉소 그리고 체념으로 우리 마음에서 독을 퍼뜨리는 불신과 불신앙의 상처들은 이제 변화되었다.

그리고 **변화된 불신앙의 상처**는 부활하신 분을 보지 못하고 고통을 이기고 승리하는 경험을 하지 못한 이들이 토마스 사도가 한 것과 같은 경험을 하기 위해 그 상처를 만질 수 있는 자리가 되어야 한다.

❧

한 가지를 덧붙여야겠다. 여기서는 '불신앙'에서 회심한 것이든 형식적이고 단지 '물려받은' 신앙에서 회심한 것이든 상관없이, 모든 **신앙의 도약** 혹은 개종이나 회심은 일반적으로 한 가지 행동으로 인한 극적 변화가 아니다. 항상 '처음'이고 '새싹'인 신앙은 인간 역사에서 지속적으로 커지는 불신앙과 의심의 돌풍 앞에서 흔들림 없이 보호받을 수 없다. 이 세상에서 우리는 '어떤 의미에서 우리 믿음은 단순히 우리 욕망의 망상적 투사가 아닐까' 하는 고통스러운 질문으로 가득 찬 상처를 끊임없이 받을 것이다. 우리 주변에서 가끔 우리에게서 용기와 희망을 앗아 가려는 악의 유혹하는 눈길을 본다. 또 다른 경우 더 이상 아무것도 기대하지 않는 이들의 교만하고 빈정대는 시선을 본다. 그들은 부, 유흥, 오락을 누리는 이 세상에서 '이미 보상받았고' 돈이 있는 곳에 자신의 마음도 있기 때문이다. 세상과 삶은 역설로 가득 차 있다. 각자의 '입장'에 따라 신앙은 물론이고 불신앙에 대해서도 충분한 근거를 제공한다. 그래서 늘 양면성을 띠고 또 띠게 될 것이다. **이러한 세상에서** 우리 믿음 ― 이는 단순히 하느님 존재에 대한 확신과는 다르다 ― 을 확실히 보호할 수 있는 것은 아무것도 없다.

신앙이 살아 있는 한, 신앙은 늘 상처 입고, 위기에 내던져지고, 가끔은 '죽임'을 당할 수도 있다. 우리 신앙은 ― 좀 더 가볍게 말해 지금까지의 신앙 형태는 ― 다시 깨어나기 위해 냉담해질 때가 있다.

'못 자국들'을 볼 수 있는 **상처 입은 신앙**만이 믿을 수 있고 치유할 수 있다. 십자가의 밤을 지나지 않고 심장이 꿰뚫리지 않는 신앙은 이러한 힘을 갖고 있지 않다.

눈이 멀어 본 적 없는 신앙, 어둠을 체험하지 않은 신앙은 보지 못했고 보지 못하는 이들을 결코 도울 수 없다. '보는 자들'의 종교, 바리사이적이고, 자기 확신에 가득 차 있고, 상처 입지 않은 종교는 빵 대신 돌을, 믿음 대신 이데올로기를, 증언 대신 이론을, 도움 대신 충고를 주고, 사랑의 자비를 보여 주는 대신 지시하고 명령한다.

'보지 못함', 진정으로 겸손하게 고백된 보지 못함은 믿음의 공간을 열어 준다. 신앙은 **이 보지 못함에 머물러 있기 때문에** 버려진다. '이

보지 못함'의 공간은, 그리스도의 몸과 심장의 상처를 묵상하는 성토 요일의 시간처럼 **비어 있지만 그럼에도** 동시에 열려 있다는 것에 주목 해야 한다. 이렇게 진정 어려운 사명을 위해 신앙은 희망과 사랑을 필요로 한다.

시샘을 내는 사랑은 **비어 있고 깨끗한** 이 공간이 임의의 현현과 망상 또는 우상으로 채워지는 것을 허락하지 않는다. 인내하는 희망은 이 공간의 **개방성**을 유지한다. 그래서 그 공간으로 들어온 사람은 절망의 어둠에 빠지는 것이 아니라, 그 빛의 장소에서 나오는 빛줄기로 강해진다. 그가 그 빛 안으로 완전히 들어갈 수 없어도 그는 끊임없이 믿음을 향하게 된다.

❧

나는 진지한 표정으로 나의 어린 대녀 니케에게 이렇게 말했다. "너 혼자 이 그릇의 음식을 다 먹는다면, 너는 새들의 말을 이해하게 될 거다." 식당에서 니케는 앞에 놓인 커다란 접시를 보고 놀라워했다. "하지만 나는 새들의 말을 이미 조금은 알아들어요"라며 미소 지었다. "새들이 뭐라 말하든?" 나는 알고 싶었다. "그건 사람의 말로 옮길 수 없어요"라며 대녀는 나 같은 어른들의 우둔함에 머리를 흔들었다.

그렇다, 우리가 천사와 새들의 말을 수백 번 이해한다 할지라도, 우리 언어로 완전히 옮길 수 없다. 우리 몸의 언어도 마찬가지다. 신체 접촉에는 말이 필요 없는 고유한 언어가 있다. 모든 애정 깊은 연인들은 이것을 잘 알고 있고, 부상당한 군인들이나 죽어 가는 사람들도 이를 알고 있다. 대부분의 성사도 접촉을 통해 베풀어진다.

"나를 만진 사람이 누구요?" 호기심 많은 무리에 둘러싸인 예수가 물었다. 제자들은 예수에게 무례하게 대답한다. "스승님, 군중들이 스승님을 에워싸 밀치고 있습니다." 하지만 예수가 모르는 접촉은 없었다. 예수는 하혈하는 여인의 갈망과 믿음의 접촉을 잘 알고 있었다(루카 8,43-48 참조). 우리 신학도 고작 '그분 옷단에 달린 술'을 만질 수 있을 뿐이다. 이 접촉이 겸손하면서도 갈망으로 가득 차고 용기 있다면, 우리의 신학도 그 수고에서 벗어날 수 있을 것이다. 하느님을 만진다는 것은 어쩌면 저항이다! 하지만 육화의 신비를 통해 역설의 역설이 된 사람은, 앞서 말했듯이 '세상의 응급 구호소'에서 이 접촉을 허락한다. 그곳은 단순히 **육체적** 상처를 치료하는 응급 구호소가 아니다. 거기서 우리는 하느님을 만질 수 있고, 거기서 우리는 성체성사의 제병처럼 손으로 잡을 수 있다.

우리가 그리스도를 만지려 하는 것은 "나를 붙잡지 마라!"(마리아 막달레나에게 하신 말씀)와 "네 손가락을 여기에 대 보아라!"(토마스 사도에게 하신 말씀) 사이를 오간다. 우리가 성부께로 가는 그리스도를 붙잡으려 한다면, 그분을 **내 것으로 가지려** 한다면 그를 만지는 것은 허락되지 않는다. 이제 지금 여기 '작은 이들' 안에서 시작되어, 지금까지 익명이었던 그분의 존재가 작은 이들 안에서 확증이 되는 순간 정점에 이르는 그분의 재림, 즉 '두 번째 재림' 때 우리는 그분을 만질 수 있고 만져야 한다. "너희가 이 지극히 작은 내 형제들 가운데 하나에게 해 준 것이 **나에게** 해 준 것이다."

　나는 새들의 말을 이해하기에는 너무 늙었다. 지금 나는 천사의 말을 이해하기에는 선입견이 많고 순수하지 못하다. 그럼에도 나는 상처 입은 세상에서 그분의 말을 듣는다. 나는 거기에서 그분의 부르심과 그분의 심장 소리를 듣는다. 나는 이해하지 않을 수 없고, 들리지 않는 척할 수 없다. 나는 거듭해서 — 결코 완전할 수 없지만 — 그분의 부르심에 응답할 수 있는 접촉의 언어, 아픈 부분의 고통을 덜어 주는 너그럽고 부드러운 접촉의 기술을 배운다.